FRENCH 1
Bleu

Discovering FRENCH Today!

Workbook

Jean-Paul Valette
Rebecca M. Valette

HOLT McDOUGAL

HOUGHTON MIFFLIN HARCOURT

Overview

The *Discovering French, Nouveau!–Bleu* Workbook is an integrated workbook that provides additional practice to allow students to build their control of French and develop French proficiency.

The activities provide guided communicative practice in meaningful contexts and frequent opportunity for self-expression.

Printed in the U.S.A.

ISBN 978-0-547-91414-5

21 22 23 24 25 0304 23 22 21 20 19

4500746888 A B C D E F G

Table of Contents

To the Student

The Workbook is divided into eight units. Each unit has three sections:

Listening Activities

The Listening Activities have the pictures you will need to complete the recorded activities. The lessons correspond to the lessons in the student text.

Writing Activities

The Writing Activities will give you the chance to develop your writing skills and put into practice what you have learned in class. The lessons correspond to the lessons in the student text. The exercises are coded to correspond to a particular part of the lesson. For example, **A** at the beginning of an exercise or group of exercises means that the material is related to the structures or vocabulary presented in Section A of that lesson. The last activity is called *Communication* and encourages you to express yourself in various additional communicative situations.

Reading and Culture Activities

The Reading and Culture Activities contain realia (illustrations and objects from real life) from French-speaking countries and various kinds of cultural activities. Each unit includes one set of Reading and Culture Activities.

Nom ______________________________

Classe ____________________ Date ____________________

Unité 1. Faisons connaissance

LEÇON 1 Bonjour Vidéo-scène A. La rentrée

LISTENING ACTIVITIES

Section 1. Je m'appelle . . .

A. Compréhension orale Listening comprehension

▶ (a.) François
b. Frank

1. a. Nathalie
b. Nicole

2. a. Sylvie
b. Cécile

3. a. Jean-Claude
b. Jean-Paul

4. a. Lucie
b. Juliette

B. Compréhension orale

Antoine
David
Guillaume
Marc
Maxime
Nicolas
Philippe
Vincent

Caroline
Céline
Charlotte
Émilie
Julie
Marie
Monique
Pauline

Nom ______________________________________

Classe ______________________ Date ______________________

Discovering FRENCH Nouveau!
BLEU

Section 2. L'alphabet

C. Écoutez et répétez. Listen and repeat.

A	B	C	D	E	F	G	H	I	J	K	L	M
N	O	P	Q	R	S	T	U	V	W	X	Y	Z

D. Écoutez et écrivez. Listen and write.

1. ___ ___ ___ ___
2. ___ ___ ___ ___ ___ ___
3. ___ ___ ___ ___ ___ ___
4. ___ ___ ___ ___ ___ ___ ___
5. ___ ___ ___ ___ ___ ___

Section 3. Les signes orthographiques

E. Écoutez et regardez. Listen and look.

´ accent aigu **Cécile**
` accent grave **Michèle**
^ accent circonflexe **Jérôme**
¨ tréma **Noël**
¸ cédille **François**

F. Écoutez et écrivez. Listen and write.

1. Aur<u>e</u>lie 2. Myl<u>e</u>ne 3. Jér<u>o</u>me 4. Jo<u>e</u>lle 5. Fran<u>c</u>oise 6. Mich<u>e</u>le

Section 4. Les nombres de 0 à 10 (Numbers from 0 to 10)

G. Écoutez et répétez. Listen and repeat.

0 (zéro)	**1** (un)	**2** (deux)	**3** (trois)	**4** (quatre)	**5** (cinq)
	6 (six)	**7** (sept)	**8** (huit)	**9** (neuf)	**10** (dix)

H. Écoutez et écrivez. Listen and write.

8											
Modèle	a.	b.	c.	d.	e.	f.	g.	h.	i.	j.	k.

Section 5. Dictée

I. Écoutez et écrivez. Listen and write.

— __________! Je m'appelle Thomas. Et ___?

— ___, ___ m'appelle Céline.

WRITING ACTIVITIES

1. Au Club International

You have met the following young people at the Club International. Six of them have names of French origin. Circle these names. Then write them in the box below, separating the boys and the girls.

(Note: Don't forget the accent marks!)

Carlos Suárez	Tatsuya Matsumoto
Birgit Eriksen	Jérôme Dupuis
Hélène Rémy	Janet Woodford
Jean-François Petit	Maureen Stewart
Michiko Sato	Marie-Noëlle Laîné
Frédéric Lemaître	Svetlana Poliakoff
Heinz Mueller	Stéphanie Mercier

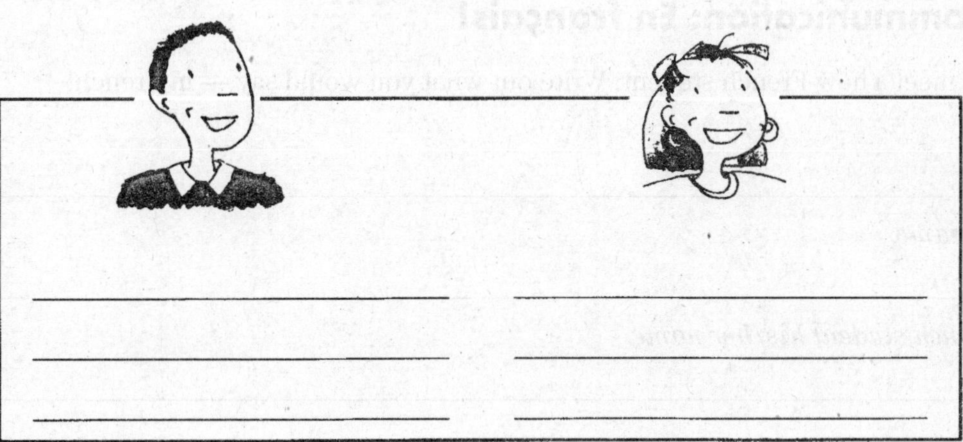

FLASH culturel

French is spoken not only in France. Today about thirty countries use French as their official language (or one of their official languages). Which continent has the largest number of French-speaking countries?

❑ Europe ❑ Africa ❑ Asia ❑ South America

→page 4

Nom ______________________

Classe ______________ Date ______________

Discovering FRENCH Nouveau!

BLEU

2. Allô!

First write down your phone number and the numbers of two friends or relatives. Then write out the numbers as you would say them in French.

1. Moi

☐ ☐ ☐ - ☐ ☐ ☐ ☐

______________ ______________

2. Nom *(name)*: ______________

☐ ☐ ☐ - ☐ ☐ ☐ ☐

______________ ______________

3. Nom *(name)*: ______________

☐ ☐ ☐ - ☐ ☐ ☐ ☐

______________ ______________

3. Communication: En français!

On the bus you meet a new French student. Write out what you would say — in French!

1. *Say hello.*

____

2. *Give your name.*

____

3. *Ask the French student his/her name.*

____

FLASH culturel

French is the official language in about 20 African countries. The largest of these countries is the Democratic Republic of Congo in central Africa. Other countries where French is spoken by many of the citizens are: Algeria, Tunisia, and Morocco in North Africa; Senegal and the Ivory Coast in West Africa; and the island of Madagascar off the coast of East Africa.

Vidéo-scène B. Tu es français?

LISTENING ACTIVITIES

Section 1. Quelle nationalité?

A. Compréhension orale Listening comprehension

Modèle: Tu es anglaise?

Modèle	____	✓
1.	____	____
2.	____	____
3.	____	____
4.	____	____
5.	____	____
6.	____	____
7.	____	____
8.	____	____

B. Compréhension orale

French flag

A

British flag

B

US flag

C

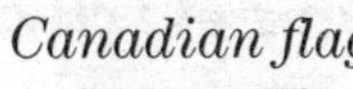
Canadian flag

D

1				
2				
3				
4				
5				
6				

Nom ______________________________

Classe ____________________ Date ____________________

Discovering FRENCH Nouveau!

BLEU

Section 2. Les nombres de 10 à 20

C. Écoutez et répétez. Listen and repeat.

10 (dix) **11** (onze) **12** (douze) **13** (treize) **14** (quatorze) **15** (quinze)

16 (seize) **17** (dix-sept) **18** (dix-huit) **19** (dix-neuf) **20** (vingt)

D. Écoutez et écrivez. Listen and write.

▶ 

Philippe

Paul

François

Marc

Jérôme

Jean-Michel

Frédéric

Patrick

Robert

Thomas

Section 3. Dictée

E. Écoutez et écrivez.

—Tu _____ française _____ anglaise?

—Je _____ américaine.

—Moi _____!

Nom ______________________________

Classe ______________________ Date ______________________

WRITING ACTIVITIES

1. Présentations *(Introductions)*

The following people are introducing themselves, giving their names and their nationalities. Complete what each one says.

Je m'appelle Cédric.

Je suis ____________________.

Je m'appelle Liz.

Je suis ____________________.

Je m'appelle Tina.

Je suis ____________________.

Je m'appelle Pierre.

Je suis ____________________.

Je m'appelle Bob.

Je suis ____________________.

Je m'appelle Véronique.

Je suis ____________________.

FLASH culturel

Martinique and Guadeloupe are two French-speaking islands in the Caribbean. In which other Caribbean country is French spoken?

❑ Cuba ❑ Puerto Rico ❑ Haiti ❑ The Dominican Republic

→page 8

Nom ______________________

Classe ______________ Date ______________

BLEU

2. Les maths

Write out the answers to the following arithmetic problems.

▶ 4 + 7 = onze

1. 9 + 3 = __________
2. 8 + 6 = __________
3. 10 + 7 = __________
4. 17 + 2 = __________
5. 5 × 3 = __________
6. 2 × 10 = __________

3. Communication: En français!

You are at a party and have just met two French-speaking students: Philippe and Marie-Laure.

1. *Say hello to them.*

   ____

2. *Give your name.*

   ____

3. *Say that you are American.*

   ____

4. *Ask Philippe if he is French.*

   ____

5. *Ask Marie-Laure if she is Canadian.*

   ____

FLASH culturel

Haiti is a former French colony. Toward the end of the eighteenth century, the black slaves who worked in the sugar cane plantations revolted against their French masters. In 1804, Haiti became an independent country. It is the first republic established by people of African origin.

Today French, which is the official language of Haiti, is spoken by many Haitians, along with Creole. Many people of Haitian origin live in the United States, especially in Florida, New York, and Boston. If you meet young Haitians, you might want to speak French with them.

Vidéo-scène C. Salut! Ça va?

LISTENING ACTIVITIES

Section 1. Salutations

A. Compréhension orale Listening comprehension

Modèle: Au revoir, madame.

Modèle	___	✓
1.	___	___
2.	___	___
3.	___	___
4.	___	___
5.	___	___
6.	___	___

Section 2. Ça va?

B. Compréhension orale

Ça va bien!

Ça va très bien!

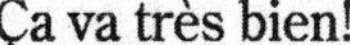

Ça va comme ci, comme ça.

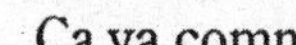

a. ___ **b.** ___ **c.** ___

Ça va mal.

Ça va très mal.

d. ___ **e.** ___

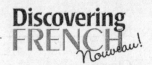

Nom ______________________________

Classe ______________________ Date ______________

C. Questions et réponses Questions and answers

▶ —Ça va?
—Ça va comme ci, comme ça.

Section 3. Les nombres de 20 à 60

D. Écoutez et répétez. Listen and repeat.

20	21	22	23	24	25	26
27	28	29	30	31	32	33 . . .
40	41	42 . . .	44	45	46 . . .	50
51 . . .	57	58	59	60		

E. Écoutez et écrivez. Listen and write.

Thomas ____ . ____ . ____ . ____ . ____

Caroline ____ . ____ . ____ . ____ . ____

Mathieu ____ . ____ . ____ . ____ . ____

Stéphanie ____ . ____ . ____ . ____ . ____

Section 4. Dictée

F. Écoutez et écrivez.

—______! Ça va?

—Oui, ______! Ça va très ______. Et toi?

—Ça va ______!

WRITING ACTIVITIES

1. Loto *(Bingo)*

You are playing Loto in Quebec. The numbers below have all been called. If you have these numbers on your card, circle them.

seize **trente et un** **vingt-deux** **cinquante** **quarante-neuf** **quinze**
quarante **trente-quatre** **vingt-neuf** **soixante** **quarante-huit** **douze**
cinquante-deux **onze** **dix-sept** **vingt et un** **vingt** **trente-cinq**
trente-sept **cinquante-six** **sept** **cinquante-quatre**
cinquante-neuf **trois**

5	14	26	37	49
7	15	29	40	52
9	18	X	41	54
11	21	33	46	59
12	22	35	48	60

How many numbers did you circle? ______________

How many rows of five did you score? ______________

FLASH culturel

France is not the only European country where French is spoken. In which of the following countries do one fifth of the people speak French?

❑ Germany ❑ Italy ❑ Spain ❑ Switzerland

→page 12

Nom ___________________________

Classe ___________________ Date ___________________

2. Bonjour!

The following people meet in the street. How do you think they will greet each other? Fill in the bubbles with the appropriate expressions.

3. Ça va?

How do you think the following people would answer the question **Ça va?**

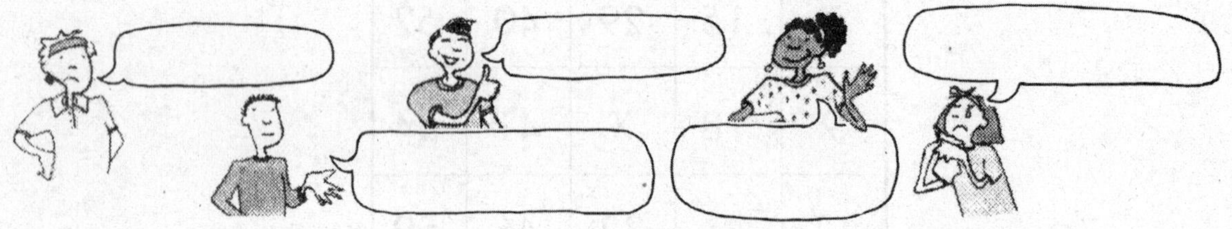

4. Communication: En français!

You have just enrolled in a French school as an exchange student.

1. On the way to school, you meet your friend Catherine.

   Say hello to her. ___________________

   Ask her how things are going. ___________________

2. Now you meet Mademoiselle Lebrun, your new music teacher.

   Say hello to her. ___________________

   Ask her how she is. ___________________

FLASH culturel

Although all of these countries border on France, only Switzerland has a sizeable French-speaking population. The main French-speaking city of Switzerland is Geneva **(Genève)**, which is the headquarters of the International Red Cross and the seat of several other international organizations.

LEÇON 2 Famille et copains
Vidéo-scène A. Copain ou copine?

LISTENING ACTIVITIES

Section 1. Qui est-ce?

A. Compréhension orale Listening comprehension

Modèle: Voici une amie.

	A	B
Modèle	un ami	une amie
1.	un prof	une prof
2.	un journaliste	une journaliste
3.	un artiste	une artiste
4.	un photographe	une photographe
5.	un pianiste	une pianiste
6.	un secrétaire	une secrétaire

B. Écoutez et parlez. Listen and speak.

▶—Tiens, voilà Isabelle!
—Qui est-ce?
—C'est une copine.

1. un copain? une copine?
2. un copain? une copine?
3. un ami? une amie?
4. un ami? une amie?
5. un prof? une prof?
6. un prof? une prof?

Nom ______________________________

Classe ______________________ Date ______________________

Section 2. Les nombres de 60 à 79

C. Écoutez et répétez. Listen and repeat.

60	61	62	63	64	65	66	67	68	69
70	71	72	73	74	75	76	77	78	79

D. Écoutez et écrivez. Listen and write.

Mélanie ____ . ____ . ____ . ____ . ____

Nicolas ____ . ____ . ____ . ____ . ____

Julie ____ . ____ . ____ . ____ . ____

Vincent ____ . ____ . ____ . ____ . ____

Section 3. Dictée

E. Écoutez et écrivez.

—________ Nathalie.

—________ est-ce?

—________ une ________.

Nom ______________________

Classe ______________ Date ______________

WRITING ACTIVITIES

1. Pour détectives

You have found a notebook in which several people are mentioned only by their initials. Read the descriptions and determine who is male and who is female. Circle the corresponding letter.

▶	J.G. est un journaliste français.	(M)	F
▶	C.C. est une actrice italienne.	M	(F)
1.	B.H. est un musicien anglais.	M	F
2.	V.C. est un pianiste.	M	F
3.	S.F. est une photographe américaine.	M	F
4.	E.M. est une artiste française.	M	F
5.	P.N. est un excellent acteur.	M	F
6.	T.B. est un artiste américain.	M	F
7.	P.V. est un cousin de San Francisco.	M	F
8.	V.U. est une cousine de Montréal.	M	F

2. Descriptions

Describe the following people. For each one, write two sentences using two different nouns from the box. Be sure to use **un** or **une** as appropriate.

garçon	**ami**	**copain**	**monsieur**	**prof**
fille	**amie**	**copine**	**dame**	**prof**

Christine ▶ ______________________ ______________________

Jean-François ______________________ ______________________

M. Martinot ______________________ ______________________

Mme Pichon ______________________ ______________________

FLASH culturel

The **Tour de France** is an international bicycle race that is held in France every summer. How long does it last?

❑ 10 hours ❑ 24 hours ❑ 10 days ❑ 3 weeks

→page 16

Nom ______________________________

Classe ______________________ Date ______________________

3. Les nombres

Fill in the six missing numbers in the grid. Then write out these numbers in French.

60		62	63	64
65	66	67		69
		72	73	74
75		77		79

- ______________________
- ______________________
- ______________________
- ______________________
- ______________________
- ______________________

4. Communication: En français!

1. You are walking in town with your French friend Catherine. Catherine waves hello to a girl on a bicycle.
   Ask Catherine who it is.

   ____

2. You see Jean-Louis who is sitting in a café.
   Point him out and tell Catherine that he is a friend.

   ____

3. You see your friend Juliette coming in your direction.
   Express your surprise and explain to Catherine who is approaching.

   ____

FLASH culturel

The **Tour de France** is the longest and most strenuous bicycle race in the world. It is divided into about 20 stages (or **étapes**) and lasts approximately three weeks. During the race, the participants cover about 3,000 kilometers, riding along the valleys and climbing the high mountains of France. The American cyclist Greg Lemond is a three-time winner of the **Tour de France**.

Vidéo-scène B. Une coïncidence

LISTENING ACTIVITIES

Section 1. Qui est-ce?

A. Compréhension orale Listening comprehension

Modèle: Elle est de Paris?

Modèle	____	✓
1.	____	____
2.	____	____
3.	____	____
4.	____	____
5.	____	____
6.	____	____
7.	____	____
8.	____	____
9.	____	____
10.	____	____

B. Écoutez et répétez. Listen and repeat.

Isabelle

1. Marc

2. Philippe

3. Nathalie

4. Patrick

▶—Elle est française?
—Oui, elle est française.

—Comment s'appelle-t-elle?
—Elle s'appelle Isabelle.

Nom ____

Classe ______________________ Date ______________

Section 2. Les nombres de 80 à 100

C. Écoutez et répétez. Listen and repeat.

80	81	82	83	84	85	86	87	88	89	
90	91	92	93	94	95	96	97	98	99	100

D. Écoutez et écrivez. Listen and write.

Florence	Juliette	Philippe	Laure
Delphine	**Julien**	**Olivier**	**Caroline**

Section 3. Dictée

E. Écoutez et écrivez.

—Tu connais ____ fille?

—Oui, ____ s'appelle Christine.

—Et ____ garçon?

—C'est ____ copain. ____ s'appelle Jean-Pierre.

Nom ______________________________

Classe ______________________ Date ______________

Discovering FRENCH Nouveau!

BLEU

Unité 1 Leçon 2

Workbook

WRITING ACTIVITIES

1. *Le, la ou l'?*

Write **le, la,** or **l'** in front of the following nouns, as appropriate.

▶ la copine

1. ____ garçon
2. ____ monsieur
3. ____ fille
4. ____ ami
5. ____ copain
6. ____ amie
7. ____ prof: M. Lenoir
8. ____ prof: Mme Dupin

2. Photos de vacances

Last summer you went on an international camping trip and took pictures of some of your friends. Give each person's name and nationality.

▶ Il s'appelle Jim.

Il est anglais.

FLASH culturel

In the United States, there are many places that have names of French origin. Which of the following states is named after a French king?

❑ Georgia ❑ North Carolina ❑ Louisiana ❑ Virginia

→page 20

Nom ______________________________

Classe ____________________ Date ____________

3. Loto

Imagine that you are playing **Loto** in France. The following numbers have been called. Read them carefully and put an "X" on the numbers that appear on your **Loto** card.

soixante-treize **soixante-quatre** **quatorze** **cinquante-trois** **huit**
quatre-vingt-douze **vingt-trois** **quatre-vingt-neuf** **soixante-quinze**
cinquante-huit **trente-sept** **quarante-cinq** **soixante-quatorze** **seize**
vingt et un **quatre-vingt-six** **soixante-dix-huit** **quatre-vingt-un**

Which row did you complete to win **Loto**: the top, the middle, or the bottom?

____

Now write in digits the numbers that were not on your card.

____

		21		45			73	81	92
	17				53		74	86	95
8			39			64	78		99

4. Communication: Dialogues

Complete the following mini-dialogues by filling in the missing words.

1. —Philippe ____________ français?
   —Non, ____________ est canadien.
2. —Tu ____________ le garçon là-bas?
   —Oui, c'est ____________ copain.
3. —____________ s'appelle ____________ prof?
   —____________ s'appelle Madame Vallée.

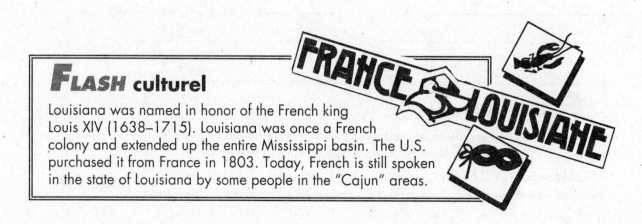

FLASH culturel

Louisiana was named in honor of the French king Louis XIV (1638–1715). Louisiana was once a French colony and extended up the entire Mississippi basin. The U.S. purchased it from France in 1803. Today, French is still spoken in the state of Louisiana by some people in the "Cajun" areas.

Vidéo-scène C. Les photos d'Isabelle

LISTENING ACTIVITIES

Section 1. Qui est-ce?

A. Compréhension orale Listening comprehension

Modèle: Voici ma cousine.

Modèle	____	✓
1.	____	____
2.	____	____
3.	____	____
4.	____	____
5.	____	____
6.	____	____
7.	____	____
8.	____	____

Section 2. L'âge

B. Compréhension orale

1. Marc a ____ ans.
2. Mélanie a ____ ans.
3. Mon oncle a ____ ans.
4. Ma grand-mère a ____ ans.
5. Mon chat a ____ ans.
6. Mon chien a ____ ans.
7. Le prof a ____ ans.
8. La prof a ____ ans.

Nom ______________________________

Classe ______________________ Date ______________________

C. Écoutez et parlez. Listen and speak.

Section 3. Dictée

D. Écoutez et écrivez. Listen and write.

—Quel _____ as-tu?

—_____ quatorze _____.

—Et _____ cousine Nathalie?

—Elle _____ seize ans.

Nom ______________________

Classe ______________ Date ______________

Discovering FRENCH Nouveau!

BLEU

WRITING ACTIVITIES

1. La famille de Catherine

Catherine has taken a picture of her family. Identify each of the people in the photograph.

▶ Suzanne est la soeur de Catherine.

1. M. Arnaud est ______________ de Catherine.
2. Jean-Michel est ______________ de Catherine.
3. Mme Laurent est ______________ de Catherine.
4. Mme Arnaud est ______________ de Catherine.
5. M. Laurent est ______________ de Catherine.
6. Hugo, c'est ______________.
7. Mimi, c'est ______________.

FLASH culturel

At what age can a French teenager drive a car?

❑ 15 ❑ 16 ❑ 17 ❑ 18

→page 24

Nom ______________________________

Classe ____________________ Date ____________________

Discovering FRENCH Nouveau!

BLEU

2. *Mon ou ma?*

Philippe is talking about his friends and relatives, as well as other people he knows. Complete his statements with **mon** or **ma**, as appropriate.

1. __________ cousine s'appelle Christine.
2. __________ frère est à Paris.
3. __________ copine Susan est anglaise.
4. __________ amie Cécile a seize ans.
5. __________ ami Jean-Pierre a quinze ans.
6. __________ prof d'anglais est américaine.
7. __________ prof d'histoire est canadien.
8. __________ mère est journaliste.

3. Quel âge?

Look at the years in which the following people were born. Then complete the sentences below by giving each person's age.

1. (1991) Corinne ______________________________.
2. (1996) Jean-Philippe ______________________________.
3. (1982) Mademoiselle Richaume ______________________________.
4. (1969) Monsieur Lambert ______________________________.

4. Communication: En français!

1. *Tell how old you are.*

____

2. *Ask a friend how old he/she is.*

____

3. *Ask a friend how old his/her brother is.*

____

FLASH culturel

In principle, you have to be 18 to get your driver's license in France. However, if you take driving lessons in an authorized school **(une auto-école)**, you can drive at the age of 16 when accompanied by a licensed adult.

UNITÉ 1 Reading and Culture Activities

A. En voyage *(On a trip)*

1. Why would you go to Élan?
   - ❑ To shop for food.
   - ❑ To have dinner.
   - ❑ To see a movie.
   - ❑ To go to the beach.

ÉLAN
Café-Bistro
Spécialités-Fruits de mer
9, Av des Poilus-Place Cavet
83110 Sanary-sur-mer
Tél. 04 94 55 55 34

2. In which country is the Gout du Caraïbe located?
   - ❑ In France.
   - ❑ In Guadeloupe.
   - ❑ In Switzerland.
   - ❑ In Belgium.

GOÛT DE CARAÏBE
CUISINE CRÉOLE
DE GUADELOUPE
5, Centre Cial Marina
Pointe-à-Pitre
Réservations: **05.90.77.02.25**

3. Why would you e-mail the address shown in this ad?
   - ❑ To buy a train ticket.
   - ❑ To rent a video.
   - ❑ To have your phone repaired.
   - ❑ To reserve a room.

ECO-LODGE LES OISEAUX
10 chambres climatisées
au cœur de la réserve naturelle de Palmarin
Sénégal
Réservations: oiseauxlodge@orange.sn

4. Why did someone use this certificate?
   - ❑ To go skiing.
   - ❑ To see a magnificent view.
   - ❑ To visit a theme park.
   - ❑ To tour a battleship.

MONT BLANC
CERTIFICAT CADEAU
Une journée en ski
Valide pour une période de 6 mois suivant la date d'achat.

Nom ____

Classe ______________________ Date ______________

Discovering FRENCH *Nouveau!*

BLEU

5. If you were in France, where would you see this sign?
   - ❑ In a train.
   - ❑ In an elevator.
   - ❑ On a highway.
   - ❑ In a stadium.

6. If you were driving on this highway, you would exit to the right . . .
   - ❑ if you needed gas
   - ❑ if you wanted to take pictures
   - ❑ if you were looking for a campground
   - ❑ if you were meeting a flight

7. The Petit Jardin Museum in France offers guided audio tours in four languages. Which of the following languages is NOT offered for audio tours?
   - ❑ English.
   - ❑ French.
   - ❑ Spanish.
   - ❑ Italian.

Musée du Petit Jardin, En métro: Lignes 1 et 7, Station Palais Royal
ANGLAIS
ALLEMAND
ESPAGNOL
FRANÇAIS
Ouvert tous les jours sauf le mardi de 7h00 à 23h00

8. This is a list of phone numbers that Madame Renault left with her housesitter Claire while she went on vacation to Martinique.
   - Claire would dial 15 if she had . . .
     - ❑ a medical emergency
     - ❑ a problem with your telephone
     - ❑ a fire to report
     - ❑ a burglary to report
   - If Madame Renault's dog gets hurt, Claire would call
     - ❑ 15
     - ❑ 18
     - ❑ 01.45.55.55.54
     - ❑ 01.45.61.54.13
   - If Claire needed to get a burst pipe fixed, she would call
     - ❑ 15
     - ❑ 18
     - ❑ 01.45.55.55.54
     - ❑ 01.45.61.54.13

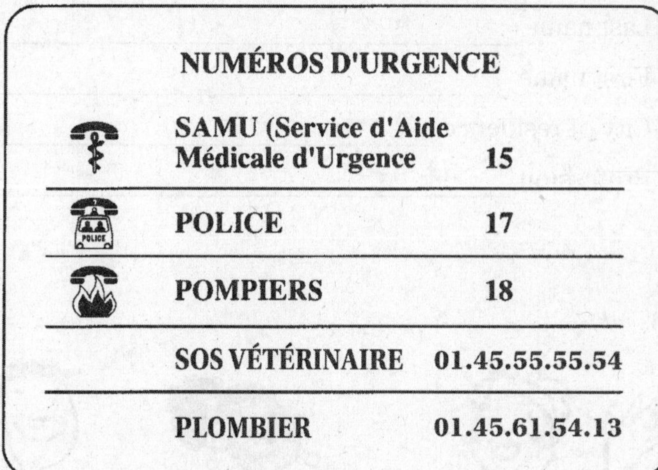

NUMÉROS D'URGENCE
SAMU (Service d'Aide Médicale d'Urgence 15
POLICE 17
POMPIERS 18
SOS VÉTÉRINAIRE 01.45.55.55.54
PLOMBIER 01.45.61.54.13

Nom ______________________________

Classe ______________________ Date ______________________

B. Carte de visite

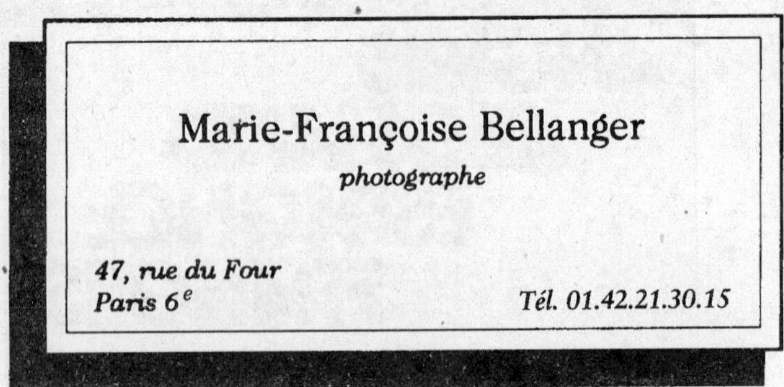
Marie-Françoise Bellanger
photographe
47, rue du Four
*Paris 6e*
Tél. 01.42.21.30.15

A friend of yours has given you the calling card of her cousin in France. Fill in the blanks below with the information that you can find out about this cousin by reading the card.

- Last name ______________________
- First name ______________________
- City of residence ______________________
- Profession ______________________

Unité 2. La vie courante

LEÇON 3 Bon appétit! Vidéo-scène A. Tu as faim?

LISTENING ACTIVITIES

Section 1. Au café

A. Compréhension orale

a. ____ trois croissants

b. ____ une glace à la vanille

c. ____ un hot dog

d. __1__ un sandwich

e. ____ un sandwich au jambon et un sandwich au pâté

f. ____ un steak-frites et une salade

B. Écoutez et répétez.

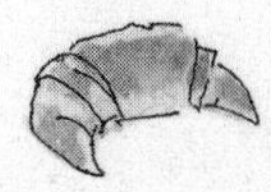

1. un croissant

2. un sandwich

3. un steak

4. un steak-frites

5. un hamburger

6. un hot dog

7. une salade

8. une pizza

9. une omelette

10. une crêpe

11. une glace

Nom ______________________________

Classe ______________ Date ______________

C. Questions et réponses

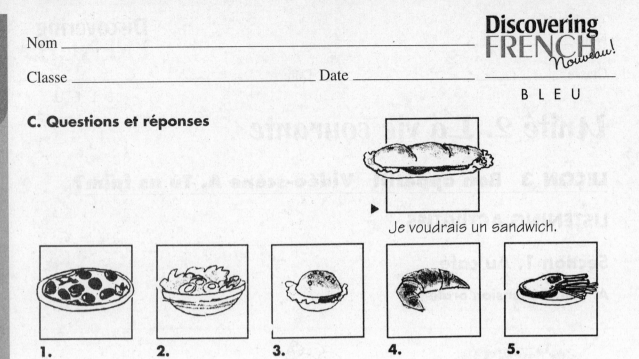

Je voudrais un sandwich.

1.

2.

3.

4.

5.

Section 2. Intonation

D. Écoutez et répétez.

Écoutez: **Voici un steak . . . et une salade.**

Répétez: **Je voudrais une pizza.**

Je voudrais une pizza et un sandwich.

Je voudrais une pizza, un sandwich et un hamburger.

Voici un steak.

Voici un steak et une salade.

Voici un steak, une salade et une glace.

Section 3. Dictée

E. Écoutez et écrivez.

—Oh là là! J'ai ______!

—Qu'est-ce que tu ______? Un steak ou ______ pizza?

—______-moi un steak, s'il ______ plaît.

Nom ______________________________

Classe ____________________ Date ____________________

Discovering FRENCH *Nouveau!*

BLEU

WRITING ACTIVITIES

1. *Un ou une?*

Complete the names of the following foods with **un** or **une**, as appropriate.

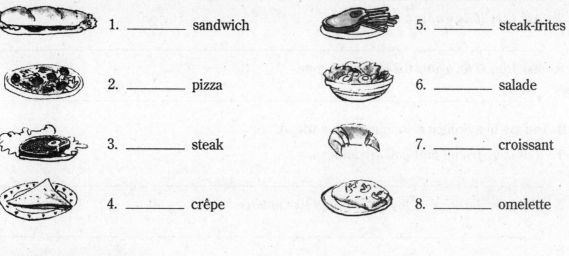

1. ________ sandwich

2. ________ pizza

3. ________ steak

4. ________ crêpe

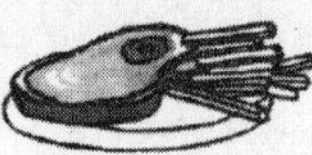
5. ________ steak-frites

6. ________ salade

7. ________ croissant

8. ________ omelette

2. Conversations

Complete the conversations with expressions from the box.

merci
tu veux
j'ai
voudrais
donne-moi

1. —Tu as faim?
   —Oui, ______________________ faim.
2. —Qu'est-ce que ______________________?
   —Je ______________________ une glace.
3. —S'il te plaît, ______________________ un sandwich.
   —Voilà un sandwich.
   —______________________!

FLASH culturel

Camembert, Brie, and Roquefort are all products of French origin. What are they?

❑ pastries ❑ cheeses ❑ perfumes ❑ crackers

→page 32

Nom ______________________________

Classe ____________________ Date ____________________

3. Communication: En français!

A. You have invited your French friend Philippe to your home.

1. *Ask Philippe if he is hungry.*

____

2. *Ask him if he wants a sandwich.*

____

3. *Ask him if he wants an ice cream cone.*

____

B. You are in a French restaurant with a friend.

1. *Tell your friend that you are hungry.*

____

2. *Tell her what type of food you would like to have.*

____

FLASH culturel

France produces over 400 varieties of cheese, among which **Camembert**, **Brie**, and **Roquefort** are the best known. In a traditional French meal, cheese is served as a separate course, after the salad and before the dessert. It is eaten with bread, and occasionally with butter.

Vidéo-scène B. Au café

LISTENING ACTIVITIES

Section 1. Au café

A. Écoutez et répétez.

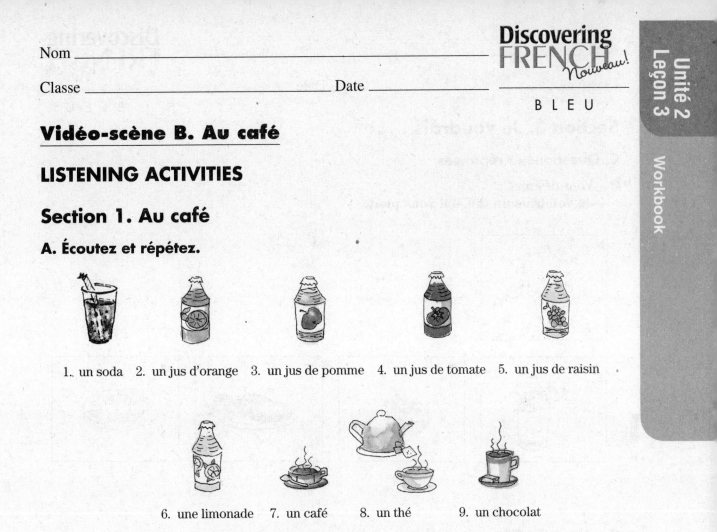

1. un soda 2. un jus d'orange 3. un jus de pomme 4. un jus de tomate 5. un jus de raisin

6. une limonade 7. un café 8. un thé 9. un chocolat

Section 2. S'il te plaît, donne-moi . . .

B. Questions et réponses

▶—Tu veux un café ou un thé?
—S'il te plaît, donne-moi un café.

▶

1

2

3
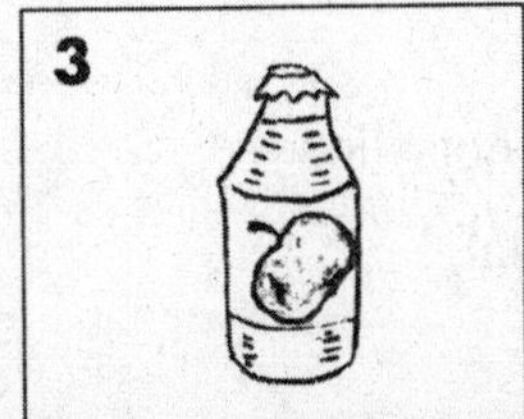

4

Nom ______________________________

Classe ______________________ Date ______________________

Discovering FRENCH Nouveau!
BLEU

Section 3. Je voudrais . . .

C. Questions et réponses

▶—Vous désirez?
—Je voudrais un thé, s'il vous plaît.

▶ 

1 

2 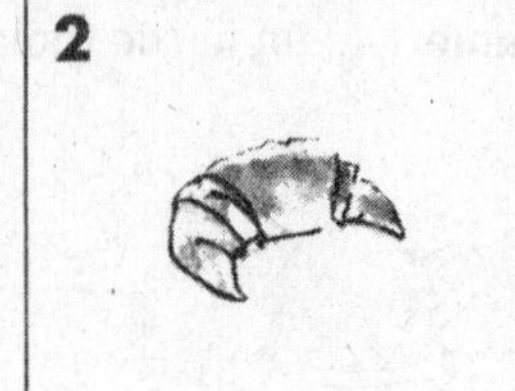

3 

4 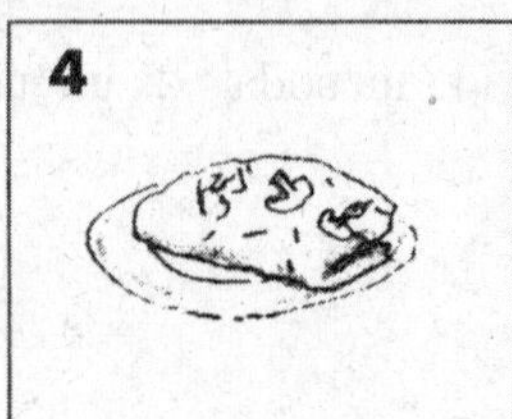

Section 4. Conversations

D. Compréhension orale

1. How does the boy feel?
   a. tired
   b. thirsty
   c. hungry
2. What would the girl like?
   a. a soda
   b. a glass of orange juice
   c. a glass of grape juice
3. Where does the scene take place?
   a. in a café
   b. at a picnic
   c. at home
4. Where does the scene take place?
   a. in a café
   b. in a French restaurant
   c. at a picnic

Section 5. Dictée

E. Écoutez et écrivez.

—Vous ________, mademoiselle?

—Je ________ un chocolat.

—Et vous, monsieur?

—______-moi un ______, s'il ______ plaît.

Nom ______________________________________

Classe ____________________ Date ____________________

Discovering FRENCH Nouveau!

BLEU

WRITING ACTIVITIES

1. Les boissons

Find the French names of eight beverages in the following grid. The names can be read horizontally, vertically, or diagonally. Then list these beverages, using **un** or **une**, as appropriate.

J	O	J	B	M	N	C	I	X	Y	A	Z
M	U	U	R	E	W	H	L	Q	B	C	F
J	U	S	D	E	T	O	M	A	T	E	R
K	V	D	D	L	G	C	C	U	K	N	Z
X	D	E	A	E	L	O	H	T	L	Z	C
Y	B	P	A	F	R	L	C	H	X	T	P
Z	S	O	D	A	C	A	F	É	J	M	B
O	N	M	C	K	B	T	I	N	K	A	Y
L	I	M	O	N	A	D	E	S	D	O	C
S	Q	E	T	F	I	P	D	V	I	G	L
H	T	W	M	R	O	S	Y	I	U	N	J

- ____________________
- ____________________
- ____________________
- ____________________
- ____________________
- ____________________
- ____________________
- ____________________

2. Mes préférences

In the chart below, list which three of the above beverages you like the best and which three you like the least.

1. ____________________ 4. ____________________
2. ____________________ 5. ____________________
3. ____________________ 6. ____________________

FLASH culturel

Which of the following beverages is most likely to be served with a French meal?

❑ milk ❑ coffee ❑ iced tea ❑ mineral water

→page 36

Nom ______________________________

Classe ______________________ Date ______________________

Discovering FRENCH Nouveau!

BLEU

3. Communication: En français!

A. Your French friend Marc has dropped by your house.

1. *Ask him if he is thirsty.*

____

2. *Ask him if he wants a soda or a glass of orange juice.*

____

B. You are in a French café with a friend.

1. *Tell your friend that you are thirsty.*

____

2. *Tell the waiter (or waitress) to bring you a beverage of your choice.*

____

FLASH culturel

The French drink a lot of mineral water. In fact, they have the highest consumption of mineral water in the world: about 60 liters per person per year. These mineral waters, some plain and some carbonated, come from natural springs in various parts of the country and are widely exported.

Vidéo-scène C. Ça fait combien?

LISTENING ACTIVITIES

Section 1. L'euro

A. Écoutez et répétez.

un euro	six euros
deux euros	sept euros
trois euros	huit euros
quatre euros	neuf euros
cinq euros	dix euros

Section 2. C'est combien?

B. Compréhension orale

Modèle	1.	2.	3.	4.	5.
10 €	€	€	€	€	€

C. Questions et réponses

Café des Sports
Sandwich 3€00
Soda 2€00

1. 
2. 
3. 
4. 

Nom ______________________________

Classe ______________ Date ______________

Discovering FRENCH Nouveau!

BLEU

Section 3. Conversations

D. Compréhension orale Listening comprehension

1. What does the boy do?
   a. He orders a pizza.
   b. He asks the price of a pizza.
   c. He asks where the pizzeria is.
2. What does the woman want to do?
   a. pay the bill
   b. order food
   c. go to a café
3. What does the boy want to do?
   a. pay the bill
   b. borrow money
   c. leave a tip for the server

Section 4. Dictée.

E. Écoutez et écrivez.

—________ coûte l'omelette?

—______ coûte trois euros cinquante.

—Et la glace?

—Deux euros cinquante.

—Ça ______ six euros au total.

Dis, Mélanie, ______-moi six euros, s'il te plaît.

WRITING ACTIVITIES

1. C'est combien?

Identify the items pictured and give their prices.

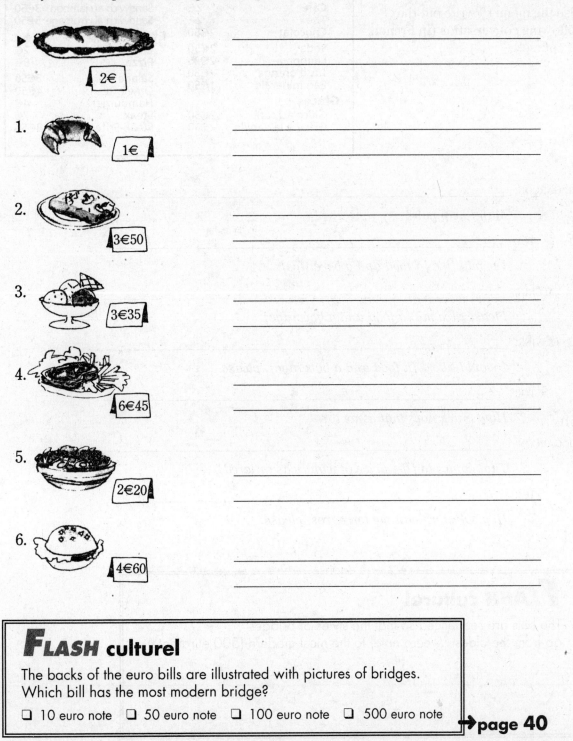

▶ 
2€

1. 
1€

2. 
3€50

3. 
3€35

4. 
6€45

5. 
2€20

6. 4€60

FLASH culturel

The backs of the euro bills are illustrated with pictures of bridges. Which bill has the most modern bridge?

❑ 10 euro note ❑ 50 euro note ❑ 100 euro note ❑ 500 euro note

➔page 40

Nom ______________________________

Classe ____________________ Date ____________________

2. Communication: En français!

Imagine that you are at Le Rallye with two French friends, Olivier and Valérie.

Use the menu to write out the following conversation (in French, of course!).

Le Rallye

Boissons		**Sandwichs**	
Café	2€	Sandwich au jambon	3€50
Thé	2€	Sandwich au fromage	3€50
Chocolat	2€50	**Et aussi:**	
Soda	2€50	Croissant	2€
Limonade	2€25	Pizza	8€
Jus d'orange	2€50	Salade	3€50
Eau minérale	1€50	Omelette	4€50
Glaces		Hamburger	4€
Glace au café	2€50	Steak	7€
Glace à la vanille	2€50	Steak-Frites	8€50

LE GARÇON: ______________________________

May I help you?

TOI: ______________________________

I would like [a food and a beverage].

VALÉRIE: ______________________________

Please give me [a food and a beverage].

OLIVIER: ______________________________

I would like a [a food and a beverage], please.

TOI: ______________________________

How much does that come to?

LE GARÇON: ______________________________

That comes to [the price of what was ordered].

TOI: ______________________________

Hey, Olivier, loan me ten euros, please.

FLASH culturel

The bills are sequenced so that the styles of bridges go from the oldest (5 euro note) to the most modern (500 euro note).

Nom ________________________________

Classe ____________________ Date ______________

Discovering FRENCH Nouveau!

BLEU

LEÇON 4 De jour en jour Vidéo-scène A. L'heure

LISTENING ACTIVITIES

Section 1. Quelle heure est-il? (Part 1)

A. Compréhension orale

▶ 

1. 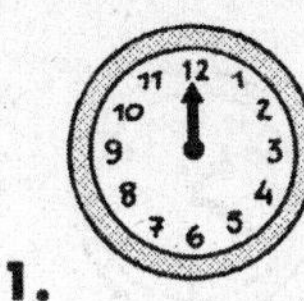

2. 

3. 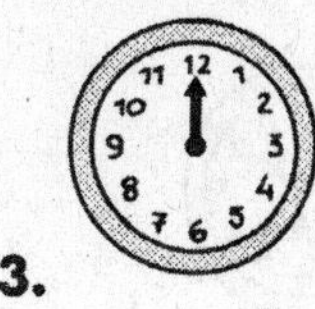

4. 

5. 

B. Questions et réponses

▶ 

1. 

2. 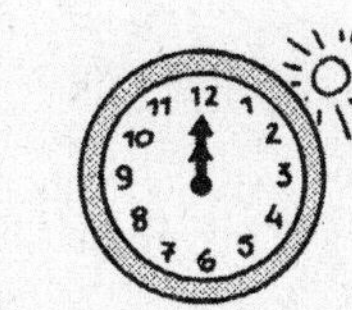

3. 

4. 

▶ 
Quelle heure est-il?
Il est huit heures.

5. 

6. 

7. 

Section 2. Quelle heure est-il? (Part 2)

C. Compréhension orale

▶ 
1:15

1. 

2. 

3. 

4. 

Nom ______________________________

Classe ____________________ Date ____________________

Discovering FRENCH Nouveau!

BLEU

D. Questions et réponses

▶ 

1. 
2. 
3. 
4. 
5. 
6. 

Section 3. À quelle heure?

E. Compréhension orale

▶ le film 4h15

1. la classe de français ______
2. le dîner ______
3. le film ______
4. le train de Toulouse ______

Section 4. Dictée

F. Écoutez et écrivez.

—Dis, Philippe, quelle ______ est-il?

—Il ______ cinq heures ______ le quart.

—Et à quelle heure est le film?

—À sept heures et ______.

—Merci!

Nom ________________________________ Discovering FRENCH Nouveau!

Classe ____________________ Date ____________ ____________

BLEU

WRITING ACTIVITIES

1. Oui ou non?

Watches do not always work well. Read the times below and compare them with the times indicated on the watches. If the two times match, check **oui**. If they do not match, check **non**.

	oui	non
▶ Il est une heure dix.	❑	❑
▶ Il est une heure vingt-cinq.	❑	❑
1. Il est deux heures et demie.	❑	❑
2. Il est trois heures et quart.	❑	❑
3. Il est cinq heures moins vingt.	❑	❑
4. Il est sept heures moins le quart.	❑	❑
5. Il est huit heures cinq.	❑	❑
6. Il est onze heures cinquante-cinq.	❑	❑

Super Écran

VENDREDI 22 MARS

14h50	Lawrence d'Arabie
18h20	Oncle Buck
20h05	Les Simpson
21h00	Tremors
22h40	Miss Daisy et Son Chauffeur

FLASH culturel

In many French-speaking countries, official time is given using a 24-hour clock. For example, on this Canadian TV schedule, the movie Driving Miss Daisy begins at 22 h 40 (**vingt-deux heures quarante**). What would be the corresponding time on our 12-hour clock?

❑ 2:40 P.M. ❑ 8:40 P.M. ❑ 9:40 P.M. ❑ 10:40 P.M.

→page 44

Nom ______________________

Discovering FRENCH Nouveau!

Classe ______________________ Date ______________________

BLEU

2. Quelle heure est-il?

Stéphanie's watch is not working. Tell her what time it is. Write out your responses.

1:00	1. ______________________.	7:30	4. ______________________.
12:00	2. ______________________.	8:45	5. ______________________.
3:15	3. ______________________.	10:50	6. ______________________.

3. Communication: En français!

A. *Conversation avec Caroline* You are in a café with your friend Caroline. You plan to see a movie together. Complete the dialogue.

CAROLINE: Quelle heure est-il?

YOU: ______________________

(Look at your watch and tell her the time.)

CAROLINE: À quelle heure est le film?

YOU: ______________________

(Name a time about half an hour from now.)

B. *Conversation avec Julien* You are in a hurry to keep an appointment with Mme Pascal, your math teacher. You meet your friend Julien. Complete the dialogue.

YOU: ______________________

(Ask Julien what time it is.)

JULIEN: Il est onze heures dix. Pourquoi *(why)*?

YOU: ______________ avec Madame Pascal.

(Say you have an appointment with Madame Pascal.)

JULIEN: À quelle heure?

YOU: ______________________

(Tell him at quarter past eleven, and say good-bye.)

FLASH culturel

With the 24-hour clock, times are expressed as follows:

- A.M. hours go from 0 h 01 (one minute after midnight) to 12 h 00 (noon).
- P.M. hours go from 12 h 01 to 24 h 00.

To calculate the P.M. equivalent of 24-hour clock times, simply subtract 12.

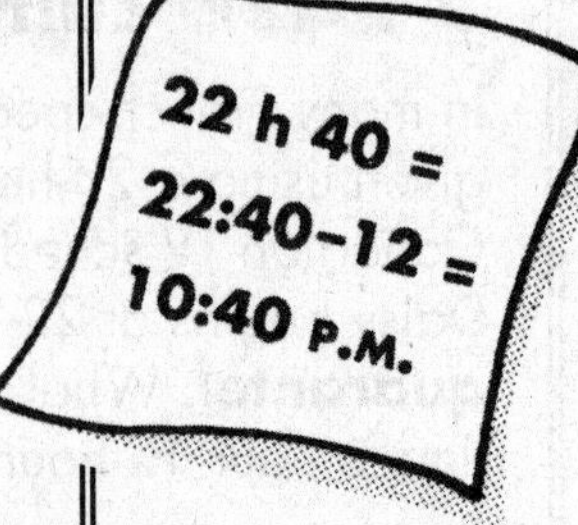

Nom ______________________________

Classe ____________________ Date ____________

Discovering FRENCH Nouveau!

BLEU

Vidéo-scène B. Le jour et la date

LISTENING ACTIVITIES

Section 1. Les jours de la semaine

A. Compréhension orale Listening comprehension

▶ Christine arrive mardi.

▶ Christine — b. mardi

1. Pauline
2. Bertrand
3. Céline
4. Didier
5. Agnès
6. Guillaume
7. Véronique

a. lundi
b. mardi
c. mercredi
d. jeudi
e. vendredi
f. samedi
g. dimanche

Section 2. La date

B. Compréhension orale

▶ C'est le 2 février.

1. C'est le ______ mars.
2. C'est le ______ juin.
3. C'est le ______ juillet.
4. C'est le ______ août.
5. C'est le ______ septembre.
6. C'est le ______ novembre.

Nom ______________________________ **Discovering FRENCH** *Nouveau!*

Classe ____________________ Date ____________________ BLEU

C. Questions et réponses

▶ —Quel jour est-ce?
—C'est le 5 décembre.

1. 

2. 

3. 

4. 

5. 

6. 

7. 

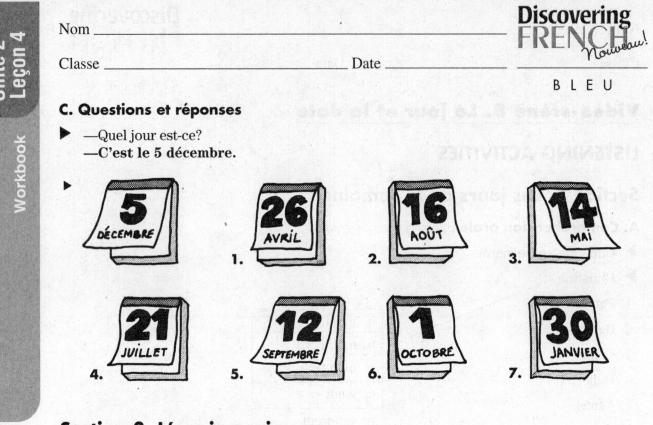

Section 3. L'anniversaire

D. Compréhension orale

▶ Alice: le 18/7

1. Béatrice: le ______
2. Françoise: le ______
3. Julie: le ______
4. Delphine: le ______
5. Denis: le ______
6. Paul: le ______

Nom ____

Classe ______________________ Date ______________ ______________

Discovering FRENCH *Nouveau!*

BLEU

Section 4. Conversations

E. Compréhension orale

1. What day is it today?
   a. Tuesday
   b. Wednesday
   c. Friday
2. When is Charlotte's birthday?
   a. in March
   b. in October
   c. in December
3. When is David's birthday?
   a. in January
   b. in August
   c. in September
4. When will David and Charlotte meet again?
   a. tomorrow
   b. tonight
   c. in a week

Section 5. Dictée

F. Écoutez et écrivez.

—C'est quand, ton ____________?

—C'est le deux_______. C'est un __________. Et toi?

—Moi, c'est le ____________ novembre. C'est un ____________.

Nom ____________________

Classe ____________________ Date ____________________

WRITING ACTIVITIES

1. La semaine

Can you fit the seven days of the week into the following French puzzle?

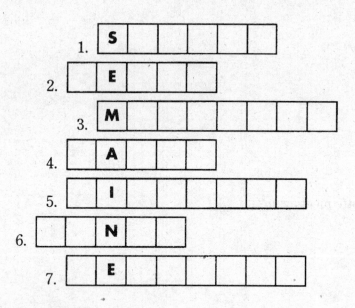

1. S _ _ _ _ _
2. _ E _ _ _
3. M _ _ _ _ _ _ _
4. _ A _ _ _
5. _ I _ _ _ _ _
6. _ _ N _ _
7. _ E _ _ _ _ _

2. Les mois

Complete the grid with the names of the missing months.

janvier		mars
avril	mai	
		septembre
octobre	novembre	

FLASH culturel

In France, **le quatorze juillet** is a very important date. What do the French do on that day?

- ❑ They vote.
- ❑ They celebrate their national holiday.
- ❑ They pay their taxes.
- ❑ They honor their war veterans.

→page 49

3. Joyeux anniversaire! *(Happy birthday!)*

Ask five friends when their birthdays are. Write out the information in French on the chart below.

	NOM	ANNIVERSAIRE
▶	David	le trois juillet
1.		
2.		
3.		
4.		
5.		

4. Communication: En français!

Answer the following questions in complete sentences.

1. Quel jour est-ce aujourd'hui?

2. Et demain?

3. Quelle est la date aujourd'hui?

4. C'est quand, ton anniversaire?

FLASH culturel

On July 14, or "Bastille Day" as it is known in the United States, the French celebrate their national holiday. On July 14, 1789, a Parisian mob stormed **la Bastille**, a state prison which had come to symbolize the king's tyranny. This important historical event marked the beginning of the French Revolution and led to the establishment of a republican form of government for the first time in French history.

Nom ____

Classe ______________________ Date ______________

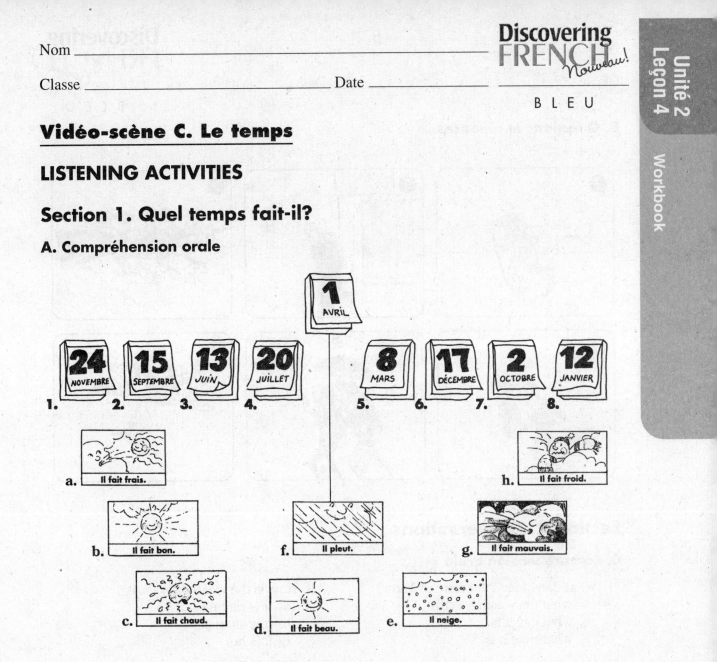

Discovering FRENCH Nouveau!

BLEU

Vidéo-scène C. Le temps

LISTENING ACTIVITIES

Section 1. Quel temps fait-il?

A. Compréhension orale

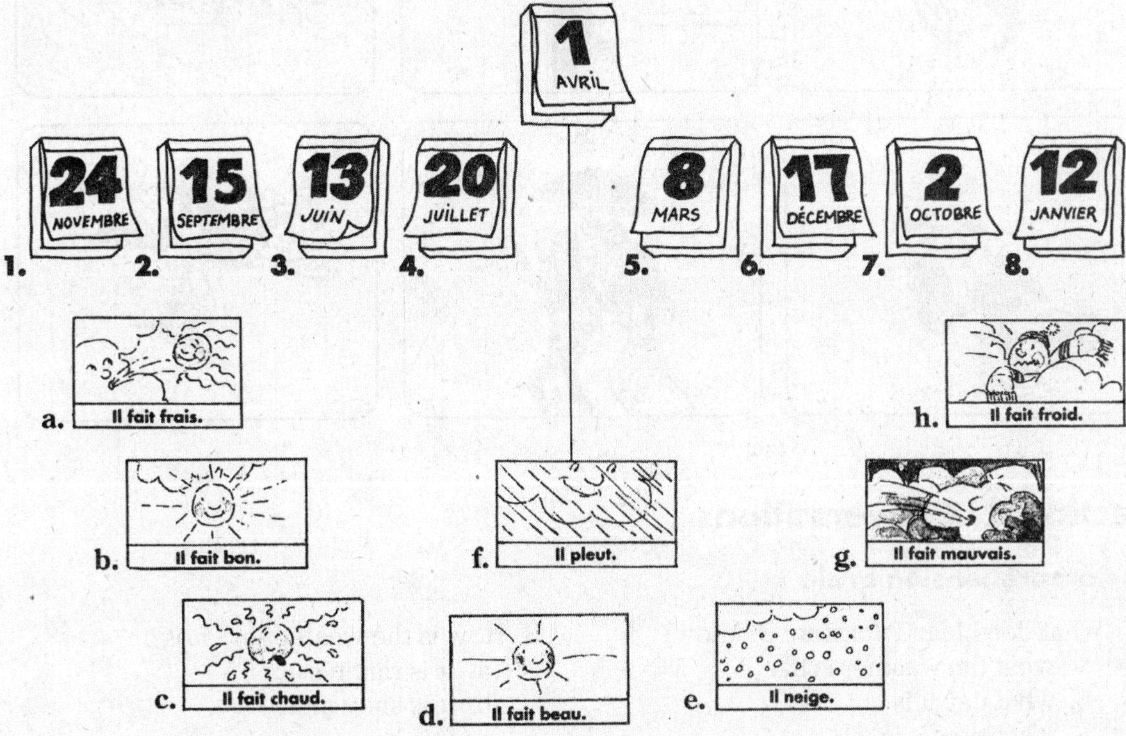

Nom ____

Classe ______________________ Date ______________

Discovering FRENCH Nouveau!

BLEU

B. Questions et réponses

Section 2. Conversations

C. Compréhension orale

1. What does Jean-Paul want to know?
   a. what the weather is like
   b. what day it is
   c. what time it is
2. How is the weather today?
   a. It is nice.
   b. It is cold.
   c. It is warm.
3. How is the weather in Paris?
   a. It is raining.
   b. It is snowing.
   c. It is hot.
4. What is Jean-Paul's favorite season?
   a. spring
   b. summer
   c. fall

Section 3. Dictée

D. Écoutez et écrivez.

—Quel _______ fait-il aujourd'hui?

—Il fait _______.

—Et en _________?

—Il _______.

Nom ______________________________

Classe ______________________ Date ______________

Discovering FRENCH Nouveau!

BLEU

Unité 2 Leçon 4

Workbook

WRITING ACTIVITIES

1. Les quatre saisons

Write the names of the seasons associated with the following pictures.

______ ______ ______ ______

2. La météo *(Weather report)*

Look at the map of France and describe the weather in the cities indicated below.

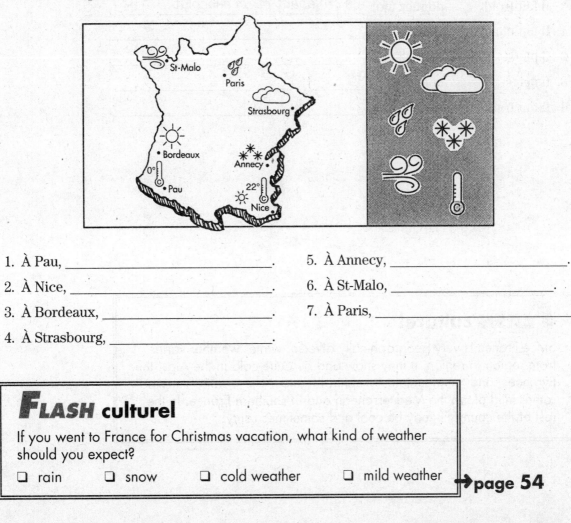

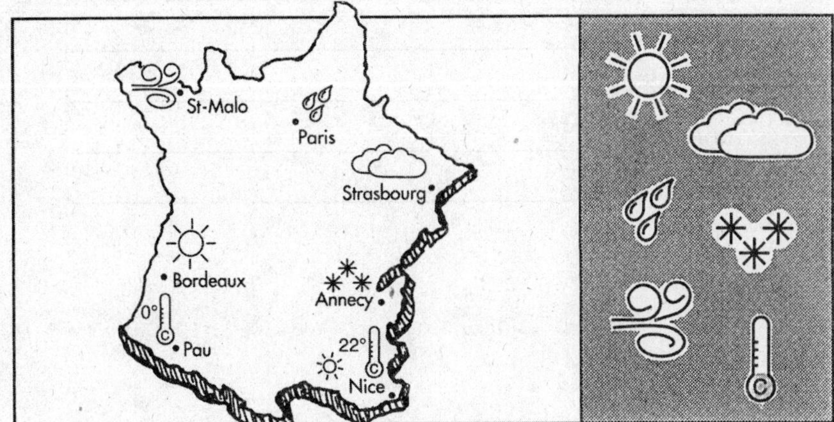

1. À Pau, ______________________.
2. À Nice, ______________________.
3. À Bordeaux, ______________________.
4. À Strasbourg, ______________________.
5. À Annecy, ______________________.
6. À St-Malo, ______________________.
7. À Paris, ______________________.

FLASH culturel

If you went to France for Christmas vacation, what kind of weather should you expect?

❑ rain ❑ snow ❑ cold weather ❑ mild weather

→page 54

Nom ______________________________

Classe ______________________ Date ______________

Discovering FRENCH Nouveau!

BLEU

3. Communication: Quel temps fait-il?

Describe the weather in the city where you live.

1. Aujourd'hui, ______________________.
2. En été, ______________________.
3. En automne, ______________________.
4. En hiver, ______________________.
5. Au printemps, ______________________.

4. Communication: As-tu faim? As-tu soif?

When we go to a café, what we order often depends on the weather. Read each of the weather descriptions and then indicate what you would like to eat and/or drink.

Le Temps	Au Café
	S'il vous plaît, . . .
▶ Il fait froid.	donnez-moi un croissant et un chocolat.
1. Il fait chaud.	donnez-moi ______________________.
2. Il pleut.	donnez-moi ______________________.
3. Il neige.	donnez-moi ______________________.
4. Il fait frais.	donnez-moi ______________________.

FLASH culturel

Since France is very geographically diverse, winter weather varies from region to region. It may snow and be quite cold in the Alps, the Pyrenees, and the mountains of central France. The weather may be rather mild along the Mediterranean and in southern France. In the rest of the country it may be cool and sometimes rainy.

Nom ____ Discovering FRENCH *Nouveau!*

Classe ______________________ Date ______________ ______________

BLEU

UNITÉ 2 Reading and Culture Activities

A. Au Petit Bonjour

Le Petit Bonjour is a restaurant in Quebec City. This morning you visited the Citadelle with a classmate, and now you have stopped at Le Petit Bonjour for lunch.

Together with your classmate, read the menu carefully and select three dishes that you will each have.

- Write down the dishes you have selected.
- Then enter the prices in Canadian dollars for what you have chosen and total up each bill.

MOI		MON COPAIN/MA COPINE	
PLAT	PRIX	PLAT	PRIX
__________	____	__________	____
__________	____	__________	____
__________	____	__________	____
TOTAL	____	TOTAL	____

Le Petit Bonjour

entrées

Frites (French fries)	**0.80**
Frites avec sauce hot chicken (French fries with hot chicken sauce)	**1.00**
Frites avec sauce spaghetti (French fries with spaghetti sauce)	**1.65**
Oignons français (Onion rings)	**1.50**

salades

Au poulet (Chicken)	**3.95**
Au homard (en saison) Lobster (in season)	**9.50**
Salade du chef (Chef's salad)	**1.50**

pizza 9"

Fromage (Cheese)	**3.25**
Pepperoni	**3.75**
Garnie (All dressed)	**4.25**

sandwichs
(servis avec frites et salade de choux)
(served with French fries and cole slaw)

Salade aux oeufs (Egg salad)	**2.00**
Jambon (Ham)	**2.50**
Poulet (Chicken)	**2.25**
Tomates et bacon (Tomato & bacon)	**2.50**
Croque Monsieur	**3.25**

desserts

Salade de fruits (Fruit salad)	**1.25**
Tartes (Pies)	**1.00**
Gâteau moka (Mocha cake)	**1.50**
Gâteau Forêt Noire (Black Forest cake)	**1.75**

Nom ______________________________

Classe ______________________ Date ______________________

Discovering FRENCH Nouveau!
BLEU

B. Agenda

Look at the following page from Stéphanie's pocket calendar.

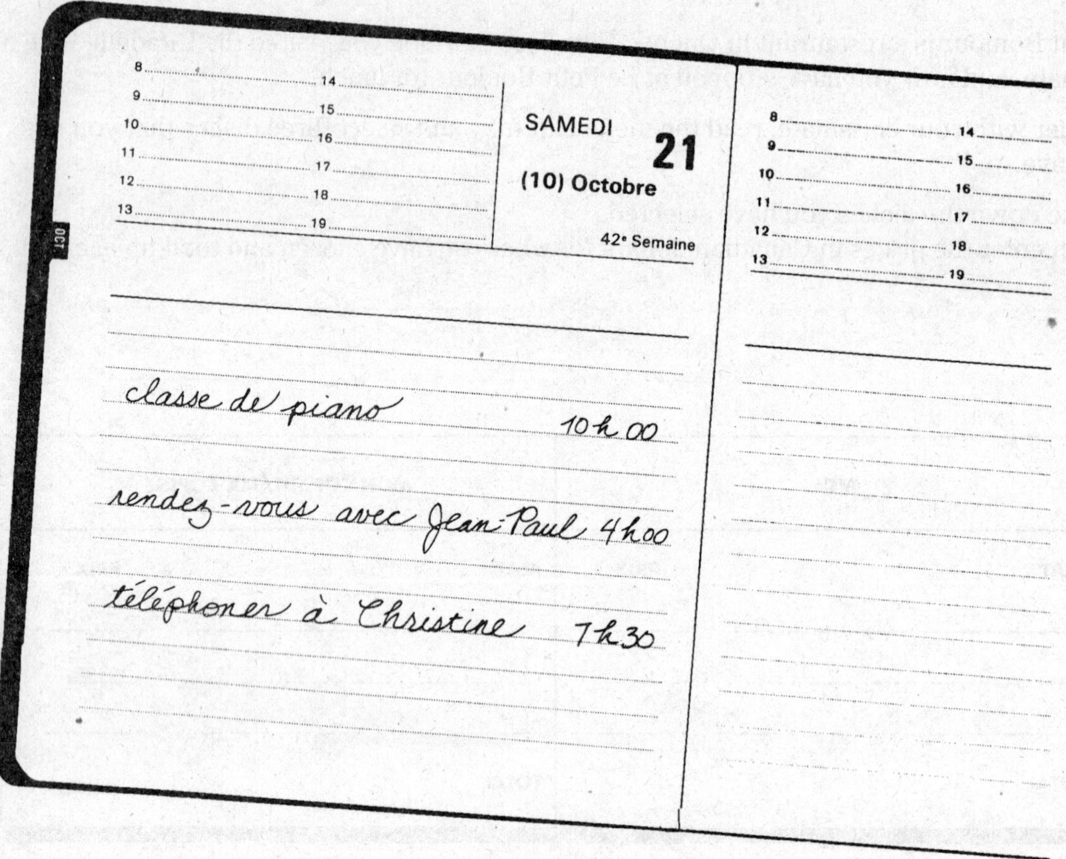

8
9
10
11
12
13
14
15
16
17
18
19
SAMEDI
21
(10) Octobre
42ᵉ Semaine
8
9
10
11
12
13
14
15
16
17
18
19
classe de piano 10 h 00
rendez-vous avec Jean-Paul 4 h 00
téléphoner à Christine 7 h 30

- What does Stéphanie have scheduled for Saturday morning at 10 A.M.?

____

- When is Stéphanie going to meet Jean-Paul?

____

- What is Stéphanie planning to do at 7:30?

____

C. Les boutiques du Palais des Congrès

In this ad, the shops at the Paris Convention Center **(le Palais des Congrès)** are announcing a large sale. Look at the ad carefully.

- What is the French word for *sale*?
  ____
- On what day does the sale begin?
  ____
- On what day does the sale end?
  ____
- Is there parking available? ____________
- For how many cars? ____________

D. « Un bon patriote »

Look at this Paris ticket for "Un bon patriote."

- Where is the performance being held?
  ____
- How much does the ticket cost?
  ____
- What is the date on the ticket?
  ____
- What day of the week is the performance?
  ____
- What time does the performance begin?
  ____

Nom ______________________________

Classe ____________________ Date ______________

BLEU

E. La météo

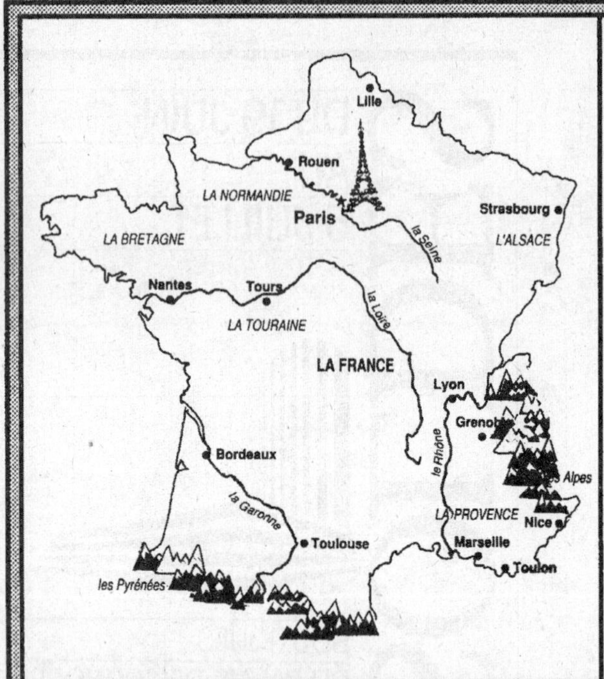

La météo en bref:
23 avril

En Bretagne et en Normandie, il pleut.

Dans la région parisienne, il fait beau.

Dans les Alpes, il fait frais.

Cependant sur la Côte d'Azur, à Nice et à Cannes, il fait du vent.

1. What is the weather like in Brittany and Normandy?
   - ❑ It's sunny.
   - ❑ It's windy.
   - ❑ It's rainy.
   - ❑ It's snowing.
2. What is the weather like in Paris?
   - ❑ It's sunny.
   - ❑ It's windy.
   - ❑ It's rainy.
   - ❑ It's snowing.
3. What is the weather like in Nice?
   - ❑ It's sunny.
   - ❑ It's windy.
   - ❑ It's rainy.
   - ❑ It's snowing.

Nom ____

Classe ______________________________ Date ______________________

Discovering FRENCH Nouveau!

BLEU

Unité 3. Qu'est-ce qu'on fait?

LEÇON 5 Le français pratique: Mes activités

LISTENING ACTIVITIES

Section 1. J'aime . . . Je n'aime pas . . .

A. Compréhension orale

M = Marc	C = Caroline

1. ____________

2. ____________

3. ____________

4. ____________

5. ____________

6. ____________

7. ____________

8. ____________

9. ____________

10. ____________

11. ____________

12. ____________

Nom ______________________________________

Classe ______________________ Date ______________________

B. Parlez.

Modèle: J'aime écouter la radio.
(Je n'aime pas écouter la radio.)

1.

2.

3.

4.

5.

6.

7.

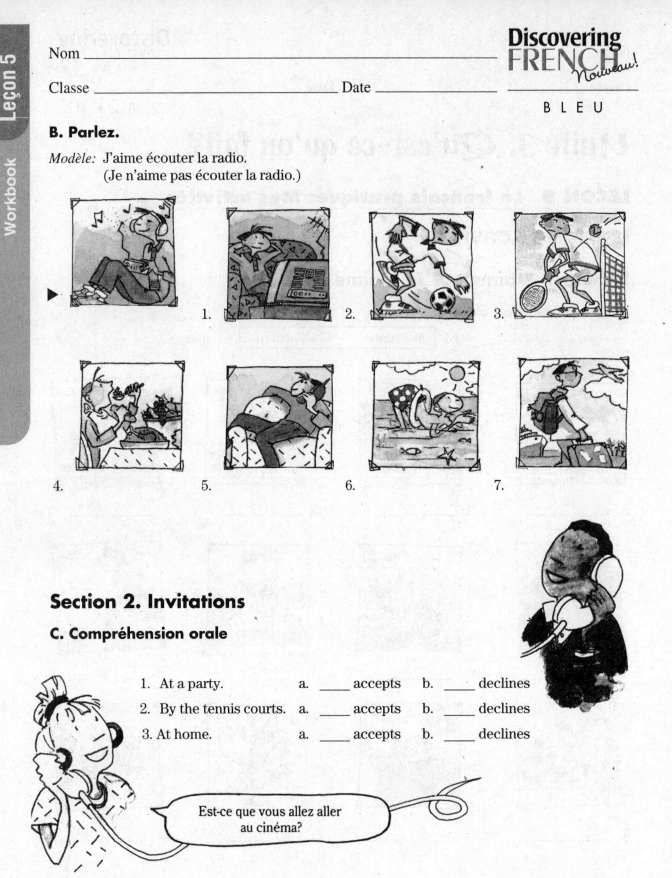

Section 2. Invitations

C. Compréhension orale

1. At a party.	a.	____ accepts	b.	____ declines
2. By the tennis courts.	a.	____ accepts	b.	____ declines
3. At home.	a.	____ accepts	b.	____ declines

Est-ce que vous allez aller au cinéma?

D. Parlez.

Modèle: Est-ce que tu veux jouer au foot avec moi?

▶ 

1. 

2. 

3. 

4. 

5. 

Section 3. Dictée

E. Écoutez et écrivez.

— Dis, Stéphanie, est-ce que tu ______ jouer au tennis ______ moi?

— Je regrette, mais je ne ______ pas.

— Pourquoi? *(Why?)*

— Je ______ étudier.

Nom ______________________________

Classe ____________________ Date ____________________

WRITING ACTIVITIES

A* 1. Qu'est-ce qu'ils aiment faire? *(What do they like to do?)*

The following people are saying what they like to do. Complete the bubbles, as in the model.

2. Et toi?

Say whether or not you like to do the activities suggested by the pictures.

1. ______________________________

2. ______________________________

3. ______________________________

4. ______________________________

5. ______________________________

6. ______________________________

7. ______________________________

8. ______________________________

*NOTE: Beginning with this unit, activities are coded to sections in your textbook (Ex: Leçon 5, Section A) for your reference.

B/C 3. Communication: En français!

1. You are spending your vacation in a French summer camp.

   Ask your friend Patrick . . .

   - *if he likes to swim*

     ____

   - *if he likes to play basketball*

     ____

   - *if he wants to play soccer with you*

     ____

2. Your friend Cécile is phoning to invite you to go to a restaurant. Unfortunately you have an English exam tomorrow.

   Tell Cécile . . .

   - *that you are sorry*

     ____

   - *that you cannot have dinner at the restaurant with her*

     ____

   - *that you have to study*

     ____

3. At the tennis court, you meet your friend Jean-Claude.

   - *Tell him that you would like to play tennis.*

     ____

   - *Ask him if he wants to play with you.*

     ____

Nom ______________________________

Classe ______________________ Date ______________ ______________

Discovering FRENCH Nouveau!

BLEU

LEÇON 6 Une invitation

LISTENING ACTIVITIES

Section 1. Le verbe être

A. Écoutez et parlez.

Modèle: Paris **Vous êtes de Paris.**

1. Québec
2. Lille
3. New York
4. Montréal
5. Los Angeles
6. Manchester
7. Lyon
8. Boston

Section 2. Tu ou vous?

B. Écoutez et parlez.

Modèle: Stéphanie **Tu es française?**
Monsieur Lambert **Vous êtes français?**

Commençons.

1. Philippe
2. Mélanie
3. Madame Dubois
4. Mademoiselle Masson
5. Thomas
6. Monsieur Dorval

Section 3. Où sont-ils?

C. Compréhension orale

Modèle: Pierre	au restaurant
1. Charlotte	en ville
2. Monsieur Leblanc	à la maison
3. Julien et Nicolas	au café
4. Le prof	en vacances
5. Stéphanie et François	au cinéma
6. Monsieur et Madame Arnaud	en classe

Nom ____

Classe ______________________ Date _______________

Discovering FRENCH Nouveau!
BLEU

D. Questions et réponses

▶ —Est-ce qu'il est à la maison ou au restaurant?
—**Il est au restaurant.**

▶ 

Section 4. Non!

E. Écoutez et parlez.

Modèle: Kevin: français?
Non, il n'est pas français.

1. Stéphanie: canadienne?
2. Jean-Paul: à la maison?
3. Juliette: au cinéma?
4. Thomas: en classe?

Modèle: Éric et Nicolas: en ville?
Non, ils ne sont pas en ville.

5. Anne et Claire: à la maison?
6. Monsieur et Madame Moreau: à Québec?
7. Monsieur et Madame Dupont: en vacances?

Section 5. Dictée

F. Écoutez et écrivez.

—Salut Thomas! Tu _________________ à la maison?

—Non, je _________________ au café.

—Est-ce que ta soeur est avec toi?

—Non, elle _________________ avec moi.

Elle est _________________ avec une copine.

Elles _________________ au cinéma.

WRITING ACTIVITIES

A 1. Mots croisés *(Crossword puzzle)*

Complete the crossword puzzle with the forms of **être**. Then write the corresponding subject pronoun in front of each form.

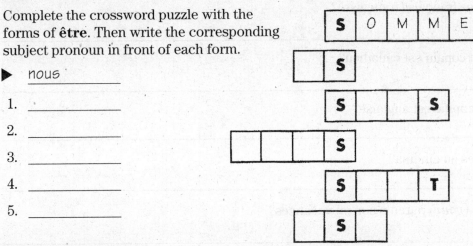

▶ nous

1. __________
2. __________
3. __________
4. __________
5. __________

S O M M E S

2. En vacances

The people in parentheses are on vacation. Say where they are, using the appropriate pronouns: **il, elle, ils,** or **elles**.

▶ (Cécile) Elle est à Québec.

1. (Jean-Marc) __________ à Tours.
2. (Catherine et Sophie) __________ à Nice.
3. (Mademoiselle Simon) __________ à Montréal.
4. (Jérôme et Philippe) __________ en Italie.
5. (Isabelle, Thomas et Anne) __________ au Mexique.
6. (Monsieur et Madame Dupin) __________ au Japon.

3. Où sont-ils?

Complete the following sentences, saying where the people are.

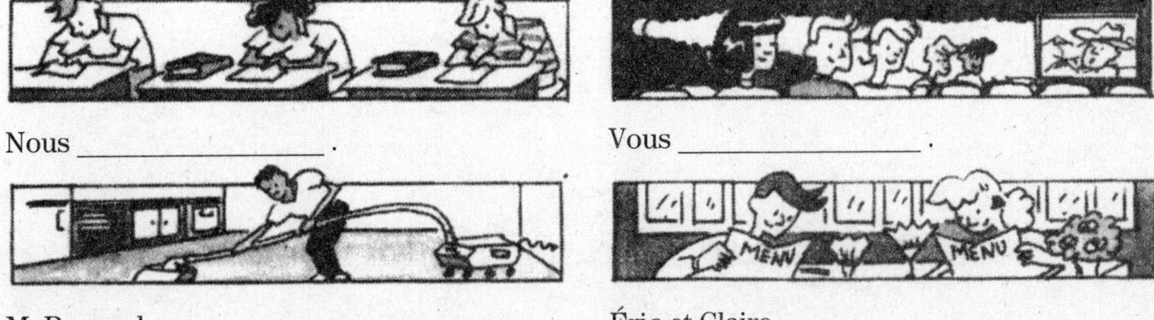

Nous __________.

Vous __________.

M. Bernard __________.

Éric et Claire __________.

Nom ______________________________

Classe ____________________ Date ____________

B/C 4. Non!

Answer the following questions in the negative, using pronouns in your answers.

1. Est-ce que tu es français (française)?

   ____

2. Est-ce que ton copain est canadien?

   ____

3. Est-ce que ta copine est anglaise?

   ____

4. Est-ce que tu es au cinéma?

   ____

5. Est-ce que tes (*your*) parents son en vacances?

   ____

5. Communication: En français!

1. The phone rings. It is your French friend Caroline who wants to talk to your brother.

   Tell Caroline that he is not home.

   ____

   Tell her that he is downtown with a friend.

   ____

2. You are phoning your friend Marc. His mother answers.

   Ask her if Marc is there.

   ____

   Ask her if you can please speak with Marc.

   ____

LEÇON 7 Une boum

LISTENING ACTIVITIES

Section 1. Je parle français.

A. Questions et réponses

Modèle: Tu parles français.
Oui, je parle français.

B. Regardez et parlez . . .

Modèle: [Pauline} **Elle joue au foot.**

Pauline

1. Thomas

2. Stéphanie

3. Marc

4. Isabelle

5. Frédéric

6. Mélanie

7. M. Rémi

8. Mme Dupin

Section 2. Nous parlons français.

C. Questions et réponses

Modèle: Vous parlez français ?
Oui, nous parlons français.

Nom ______________________________

Classe ______________________ Date ______________

Discovering FRENCH Nouveau!

BLEU

D. Compréhension orale

	Modèle	1	2	3	4	5	6	7	8
A. oui									
B. non	✓								

E. Questions et réponses

▶ —Est-ce qu'il travaille?
—Non, il ne travaille pas.

Section 4. Dictée

F. Écoutez et écrivez.

—Est-ce que tu ____________ jouer au basket?

—Oui, je joue ____________ avec ma cousine.

—Est-ce qu'elle joue ____________?

—Non, elle ____________ très bien, mais elle ____________ jouer!

Nom ____

Classe ____________________________ Date ________________

Discovering FRENCH Nouveau!

BLEU

WRITING ACTIVITIES

A/B 1. Tourisme

The following people are traveling abroad. Complete the sentences with the appropriate forms of **visiter.**

carte
touristique
CITÉ de QUÉBEC
LOUISIANE ROMANTIQUE
Mexique

1. Nous __________ Québec.
2. Tu __________ Fort-de-France.
3. Jean et Thomas __________ Paris.
4. Vous __________ Genève.
5. Hélène __________ San Francisco.
6. Je __________ La Nouvelle Orléans.
7. Marc __________ Tokyo.
8. Monsieur et Madame Dupont __________ Mexico.

2. Qu'est-ce qu'ils font?

Describe what people are doing by completing the sentences with the appropriate verbs. First write the infinitive in the box, and then fill in the correct form in the sentence. Be logical.

manger	**écouter**	*regarder*	**dîner**
jouer	**organiser**	**parler**	

▶		Nous ______________ au restaurant.
1.		Christine et Claire ______________ au tennis.
2.		Vous ______________ la télé.
3.		J' ______________ la radio.
4.		Tu ______________ français avec le professeur.
5.		Jérôme ______________ un sandwich.
6.		Nous ______________ une boum.

Nom ____

Classe ______________________ Date ______________________

Discovering FRENCH Nouveau!

BLEU

3. Descriptions

Look carefully at the following scenes and describe what the different people are doing.

▶Mélanie ______________________.

Éric et Vincent ______________________.

Monsieur Boulot ______________________.

Claire et Philippe ______________________.

Le professeur ______________________.

Hélène et Marc ______________________.

Diane ______________________.

Jean-Paul et Bernard ______________________.

C 4. Et toi?

Your French friend Caroline wants to know more about you. Answer her questions, affirmatively or negatively.

1. Tu parles anglais?

   ____

2. Tu parles souvent français?

   ____

3. Tu habites à New York?

   ____

4. Tu étudies l'espagnol?

   ____

5. Tu joues aux jeux vidéo?

   ____

6. Tu dînes souvent au restaurant?

   ____

5. Dimanche

For many people, Sunday is a day of rest. Say that the following people are not doing the activities in parentheses.

▶ (étudier) Tu ______________________________.

1. (étudier) Nous ______________________________.
2. (travailler) Vous ______________________________.
3. (parler) Mon copain ____________________ français.
4. (téléphoner) La secrétaire ______________________.
5. (jouer) Paul et Thomas ____________________ au foot.
6. (voyager) Tu ______________________________.

Nom ___

Classe ___ Date ___

6. Communication (sample answer)

You have a new French pen pal named Isabelle. Write her a short letter introducing yourself.

Date your letter.

Chère Isabelle,

- *Tell Isabelle your name.* • ___
- *Tell her in which city you live.* • ___
- *Tell her at what school you study.* • ___
- *Tell her whether or not you often speak French.* • ___
- *Tell her what sports you play.* • ___
- *Tell her two things you like to do.* • ___ ___
- *Tell her one thing you do not like to do.* • ___

Amitiés,

Sign your letter. ___

LEÇON 8 Un concert de musique africaine

LISTENING ACTIVITIES

Section 1. Questions

A. Compréhension orale

	A	B	C	D	E	F
	où?	**quand?**	**à quelle heure?**	**comment?**	**à qui?**	**avec qui?**
▶	✔					
1						
2						
3						
4						
5						
6						
7						
8						

B. Questions et réponses

Modèle: . . . à Québec.
J'habite à Québec.

1. . . . à huit heures
2. . . . bien
3. . . . en France
4. . . . en été
5. . . . à une copine
6. . . . avec mon oncle
7. . . . une pizza
8. . . . une promenade

Nom ____

Classe ______________________ Date ______________

Discovering FRENCH Nouveau!

BLEU

Section 2. La réponse logique

C. Compréhension orale

1. a. À sept heures.
   b. Avec un copain.
   c. À la maison.

2. a. Dimanche.
   b. À huit heures.
   c. Avec ma cousine.

3. a. Oui, bien sûr!
   b. Très bien.
   c. Au club de sport.

4. a. À un copain.
   b. À la maison.
   c. Parce que je veux parler à ma mère.

5. a. Une omelette.
   b. À la cafétéria.
   c. À six heures et demie.

6. a. En France.
   b. Avec mon cousin.
   c. Parce que j'aime voyager.

Section 3. Dictée

D. Écoutez et écrivez.

—Dis, Patrick, qu'est-ce que tu __________ demain?

—Je joue au tennis avec ma cousine. Nous __________ un match. __________?

—__________ je peux jouer avec vous?

—Oui, bien sûr!

WRITING ACTIVITIES

A 1. Dialogue

Complete the following dialogues with the appropriate interrogative expressions.

1. —______________ est-ce que tu habites?
   —J'habite à Dakar.
2. —______________ est-ce que tu dînes?
   —En général, je dîne à huit heures.
3. —______________ est-ce que tu chantes?
   —Je chante assez bien.
4. —______________ est-ce que tu étudies l'italien?
   —Parce que je veux visiter l'Italie.
5. —______________ est-ce que tu voyages?
   —Je voyage en juillet.
6. —______________ est-ce que ta mère travaille?
   —Elle travaille dans *(in)* un hôpital.

B 2. Répétitions

Philippe did not quite hear what Annie told him and he asks her to repeat what she said. Complete his questions.

	ANNIE:	PHILIPPE:
▶	Je joue au tennis avec Vincent.	Avec qui est-ce que tu joues au tennis?
1.	Je téléphone souvent à Olivier.	À ______________?
2.	Je parle rarement à Valérie.	À ______________?
3.	J'étudie avec Jean-Claude.	Avec ______________?
4.	Je travaille pour M. Bertrand.	Pour ______________?
5.	Je parle anglais avec Vanessa.	Avec ______________?
6.	Je parle de Pierre.	De ______________?

Nom _______________________________

Classe _______________ Date _______________

A/B/C 3. Curiosité

You want to know more about what the following people are doing. Write your questions using subject pronouns and the expressions in parentheses.

▶ Jérôme dîne. (avec qui?)
Avec qui est-ce qu'il dîne?

1. Madame Martin travaille. (où?)
____
2. Nathalie téléphone. (à qui?)
____
3. Antoine organise une boum. (quand?)
____
4. Thomas et Patrick étudient beaucoup. (pourquoi?)
____
5. Hélène et Sylvie jouent au tennis. (à quelle heure?)
____
6. Béatrice étudie. (qu'est-ce que?)
____

D 4. Conversations

Complete the following mini-dialogues with the appropriate forms of **faire**.

1. —Qu'est-ce que tu __________ à deux heures?
   —Je __________ un match de tennis.
2. —Qu'est-ce que vous __________ maintenant?
   —Nous __________ une salade de fruits.
3. —Où est ta cousine?
   —Elle __________ un voyage au Sénégal.
4. —Où sont Paul et Marc?
   —Ils sont en ville. Ils __________ une promenade.

5. Communication

1. You want to invite your friend Nathalie to your home for dinner.

   Ask her . . .

   - *at what time she has dinner* ______________________________
   - *what she likes to eat* ______________________________

2. You are interviewing Madame Ricard, a French businesswoman, for your school newspaper. (Do not forget to address her as **vous!**)

   Ask her . . .

   - *where she lives* ______________________________
   - *where she works* ______________________________
   - *when she travels* ______________________________

3. You meet your friend Marc.

   Ask him . . .

   - *what he is doing now* ______________________________
   - *what he is doing tomorrow* ______________________________
   - *if he wants to play video games* ______________________________

Nom ______________________________

Classe ____________________ Date ____________________

UNITÉ 3 Reading and Culture Activities

A. En France et en Louisiane

LES CHORISTES DE LIMOGES

Chantez avec nous...

musiques médiévale, baroque, classique, romantique, contemporaine
quatre saisons de concerts

Venez auditionner. Nous avons besoin de voix pour renouveler notre chœur.

Inscriptions: Antoine Archambault
aarchambault@yahoo.net
05 88 56 87 99

1. You would pay attention to this ad if you were interested in . . .
   - ❑ singing
   - ❑ traveling
   - ❑ going to a concert
   - ❑ visiting a church

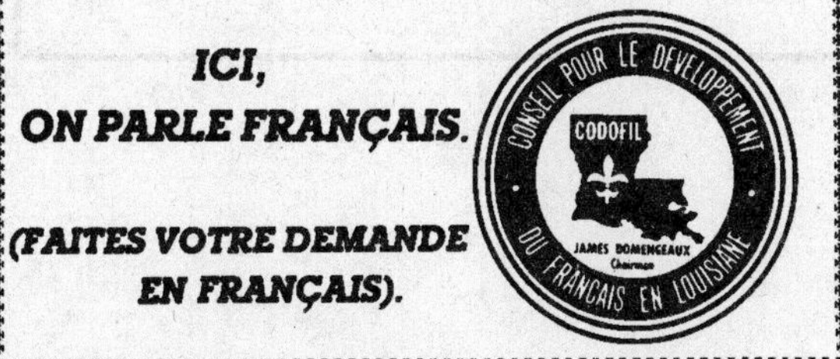

ICI,
ON PARLE FRANÇAIS.
(FAITES VOTRE DEMANDE EN FRANÇAIS).
CONSEIL POUR LE DEVELOPPEMENT DU FRANÇAIS EN LOUISIANE
CODOFIL
JAMES DOMENGEAUX

NOUS SOMMES FIERS DE PARLER FRANÇAIS.

2. If you were traveling in Louisiana, you might see this sign in certain shops. What does it mean?
   - ❑ We are French.
   - ❑ French is spoken here.
   - ❑ We sell French products.
   - ❑ We like French people.

3. Here is another sign you might see in Louisiana. What does it mean?
   - ❑ We do not speak French.
   - ❑ We are proud to speak French.
   - ❑ We sell French products.
   - ❑ We love people who speak French.

Nom ______________________________

Classe ______________________ Date ______________

Discovering FRENCH Nouveau!

BLEU

B. La Maison des Jeunes et de la Culture

Sandrine Moreau has dropped by la Maison des Jeunes et de la Culture to get more information about their activities. She was asked to fill out the following form.

Je souhaite recevoir régulièrement des informations sur les activités culturelles de la Maison des Jeunes et de la Culture d'Annecy.

Je suis plus particulièrement intéressé(e) par :

☐ CINÉMA ☑ DANSES SPÉCIALES ☐ CONFÉRENCES

☑ STAGES DANSE ☐ JAZZ ☐ ROCK ☐ CHANSON

NOM MOREAU, Sandrine

INSTITUTION / PROFESSION Étudiante

ADRESSE 136, rue Descartes

74000 Annecy

TÉL. ______________ (facultatif).

1. Sandrine is especially interested in . . .
   - ❑ movies
   - ❑ music
   - ❑ dance
   - ❑ lectures

2. Who is Sandrine?
   - ❑ A student.
   - ❑ A homemaker.
   - ❑ A guitarist.
   - ❑ A retired person.

C. Conversation

Carefully read the following phone conversation between Carole and her friend Julien.

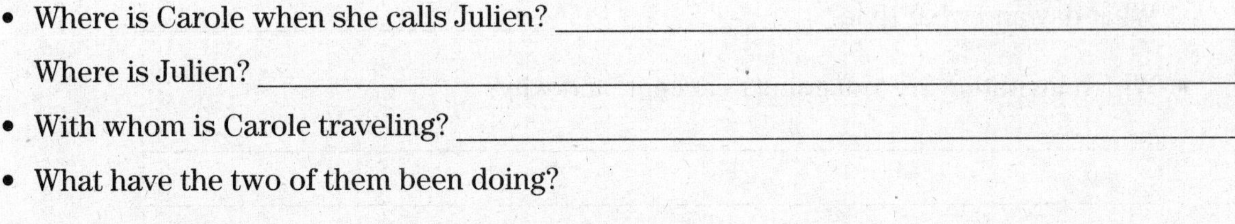

CAROLE: Allô, Julien?
JULIEN: Ah, c'est toi, Carole. Mais où es-tu?
CAROLE: Je suis à Tours.
JULIEN: À Tours? Mais pourquoi es-tu là-bas?
CAROLE: Je fais un voyage avec ma cousine.
JULIEN: Ah bon! Qu'est-ce que vous faites?
CAROLE: Oh là là, nous faisons beaucoup de choses. Nous visitons les châteaux. Nous dînons dans les restaurants. Nous . . .
JULIEN: Quand est-ce que vous rentrez à Paris?
CAROLE: Le quinze août.
JULIEN: Alors, bonnes vacances et bon retour!

- Where is Carole when she calls Julien? ______________________

  Where is Julien? ______________________
- With whom is Carole traveling? ______________________
- What have the two of them been doing?

  ____

  ____
- When is Carole returning home? ______________________

Nom ______________________________

Classe ____________________ Date ____________________

D. Invitations

1. You recently received two invitations. (Note: **venir** means *to come.*)

Boum
Où? chez Daniel Lebrousse
32, rue Lecourbe
Quand? samedi
de 5h30 à 9h30
R.S.V.P. 01. 41. 12. 45. 30

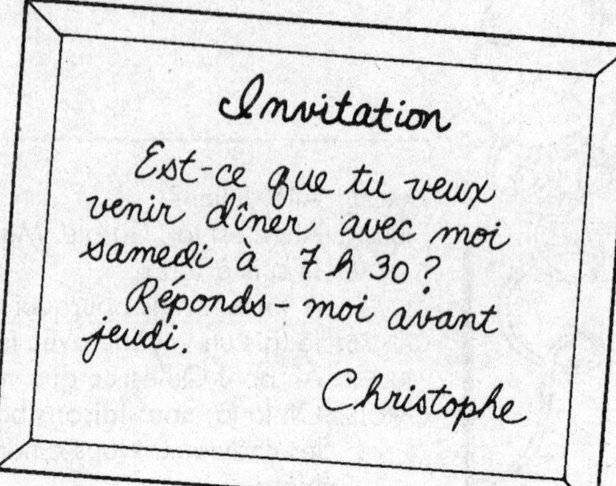

Invitation
Est-ce que tu veux
venir dîner avec moi
samedi à 7h30?
Réponds-moi avant
jeudi.
Christophe

- What is Daniel's invitation for? ______________________

  What day and what time? ______________________
- What is Christophe's invitation for? ______________________

  What day and what time? ______________________
- Which invitation are you going to accept, and why?

  ____

  ____

2. Write a note to the person whose invitation you have to turn down.
   - Express your regret.
   - Explain that you have other plans.
   - Sign your note.

Cher ______________,

____

____

____

____

____

Unité 4. Le monde personnel et familier

LEÇON 9 Le français pratique: Les personnes et les objets

LISTENING ACTIVITIES

Section 1. La description des personnes

A. Compréhension orale

Antoine

Mélanie

1

Section 2. Les objets

B. Compréhension orale

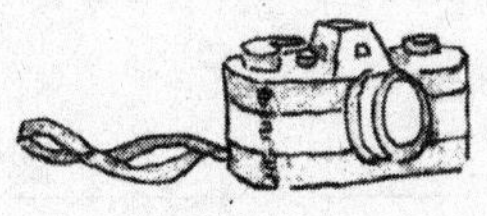

a. ___

b. ___

c. ___

d. ___

e. ___

f. ___

g. ___

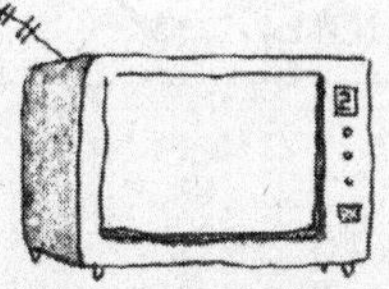

h. 0

Nom ______________________________

Classe ____________________ Date ____________________

C. Questions et réponses

▶ — Qu'est-ce que c'est?
— C'est un appareil-photo.

▶ 

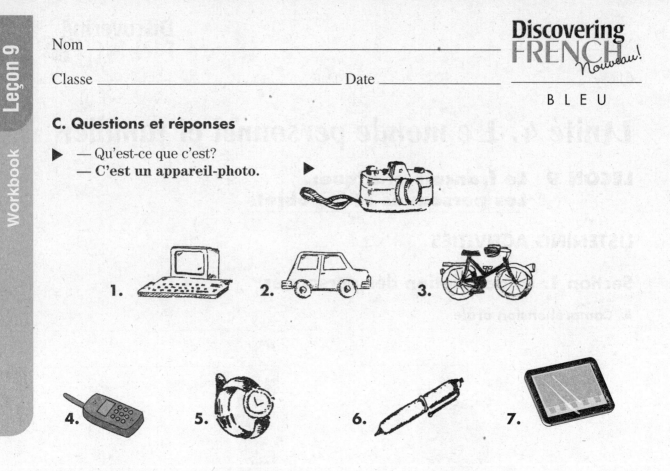

1. 
2. 
3. 
4. 
5. 
6. 
7. 

D. Compréhension orale

	Modèle	1	2	3	4	5	6	7	8	9	10
A: oui											
B: non	✔										

Section 3. Où est-il?

E. Questions et réponses

▶ — Est-ce que l'appareil-photo est sur la table ou sous la table?
— Il est sur la table.

Section 4. Dictée

F. Écoutez et écrivez.

— Dis, Sylvie. Est-ce que tu as une ________________?

— Non, mais j'ai un ________________.

— Est-ce qu'il ________________ bien?

— Mais oui, bien sûr. Tu veux écouter?

Nom ______________________________

Classe ____________________ Date ____________

Discovering FRENCH Nouveau!

BLEU

WRITING ACTIVITIES

A 1. Auto-portrait

Write a short paragraph describing yourself. Give the following information:

- your name
- your age
- two physical traits

2. Mes acteurs favoris

Describe your favorite actor and actress by completing the following chart. Use complete sentences.

- name
- age (approx.)
- physical traits (affirmative or negative)

MON ACTEUR FAVORI	MON ACTRICE FAVORITE
Il ____________	Elle ____________
____________	____________
____________	____________
____________	____________
____________	____________

3. Communication

1. Your French friend Sophie has a new neighbor—a boy—and you want to know more about him.

   Ask Sophie . . .

   - *his name* ____________
   - *how old he is* ____________
   - *if he is tall or short* ____________
   - *if he is good-looking* ____________

2. Your friend Christophe has just told you that one of his cousins—a girl—is going to visit him next week.

   Ask Christophe . . .

   - *her name* ____________
   - *if she is blond or brunette* ____________
   - *if she is pretty* ____________

Nom ______________________________

Classe ____________________ Date ______________

Discovering FRENCH Nouveau!

BLEU

B/C 4. L'intrus *(The intruder)*

The following sentences can be completed logically by three of the items A, B, C, and D. One item does not fit. It is the intruder. Cross it out.

	A	B	C	D
1. Dans le garage, il y a . . .	une voiture	un vélo	une chambre	un scooter
2. Dans le sac, il y a . . .	un portable	une porte	un MP3	un appareil-photo
3. Sur le bureau, il y a . . .	un ordinateur	une calculatrice	un téléphone	une chaise
4. Sur le mur *(wall)*, il y a . . .	une affiche	une montre	une photo	un poster
5. Sur la table, il y a . . .	un crayon	une lampe	un stylo	une mobylette
6. Dans la chambre, il y a . . .	une moto	une table	deux chaises	une radio
7. Sous le lit, il y a . . .	un scooter	un livre	un cahier	un chat

5. Quatre listes

Complete each list with three items.

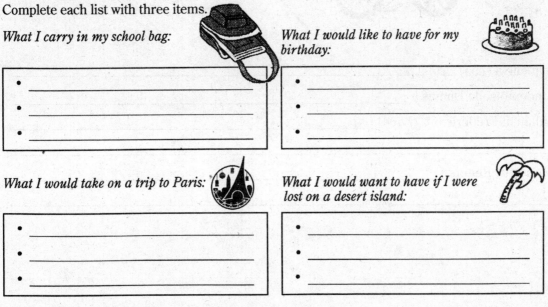

What I carry in my school bag:

- ______________________
- ______________________
- ______________________

What I would like to have for my birthday:

- ______________________
- ______________________
- ______________________

What I would take on a trip to Paris:

- ______________________
- ______________________
- ______________________

What I would want to have if I were lost on a desert island:

- ______________________
- ______________________
- ______________________

Nom ______________________________

Classe ______________________ Date ______________

6. Leurs possessions *(Their belongings)*

Look at the illustrations and describe four things that each of the following people own. Be sure to use **un** or **une,** as appropriate.

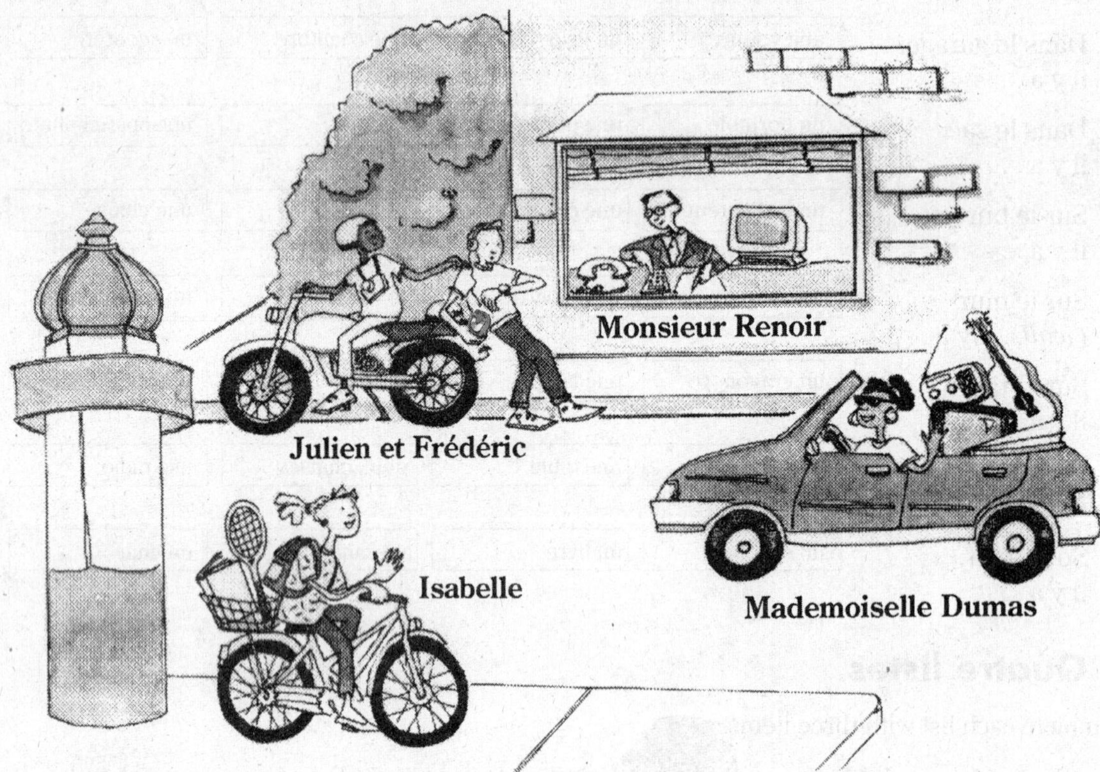

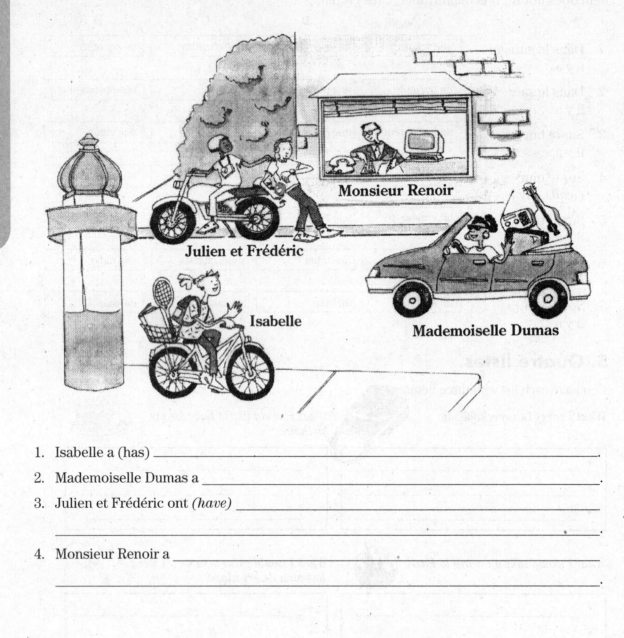

1. Isabelle a (has) ______________________________.
2. Mademoiselle Dumas a ______________________________.
3. Julien et Frédéric ont *(have)* ______________________________
______________________________.
4. Monsieur Renoir a ______________________________
______________________________.

D 7. Ma chambre

Make a floor plan of your room, indicating the position of the door, the window(s), and the various pieces of furniture. Label everything in French.

Nom ______________________________

Classe ______________________ Date ______________

Discovering FRENCH Nouveau!

BLEU

8. Où sont-ils?

Describe the cartoon by completing the sentences with the appropriate expressions of location.

1. Le policier est ______________ la voiture.
2. L'homme est ______________ la voiture.
3. Le chien est ______________ la voiture.
4. Le chat est ______________ la voiture.
5. Le vélo est ______________ la voiture.

Nom ______________________________

Classe ______________________ Date ______________

Discovering FRENCH Nouveau!

BLEU

LEÇON 10 Vive la différence!

LISTENING ACTIVITIES

Section 1. Les articles

A. Singulier ou pluriel?

	Modèle	1	2	3	4	5	6	7	8
A:									
B:	✔								

B. Parlez!

Modèles:	une radio	**Où est la radio?**
	des livres	**Où sont les livres?**

Section 2. Oui ou non?

C. Compréhension orale

1. a. une raquette — oui — non
2. a. une calculatrice — oui — non
   b. un ordinateur — oui — non
3. a. une radio — oui — non
   b. un lecteur MP3 — oui — non
   c. des CD — oui — non
4. a. un stylo — oui — non
   b. des crayons — oui — non
   c. des livres — oui — non
   d. des cahiers — oui — non

Nom ______________________________

Classe ______________________ Date ______________________

D. Questions et réponses

▶ —Est-ce que tu as un vélo?
—**Oui, j'ai un vélo.**
(Non, je n'ai pas de vélo.) ▶

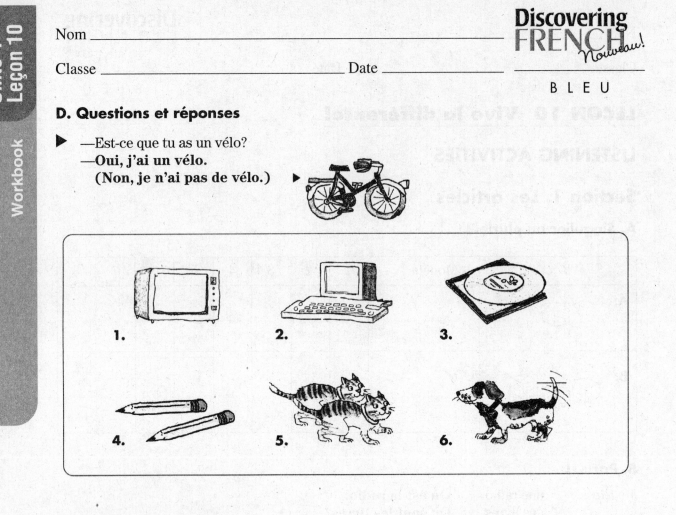

E. Questions et réponses

Modèle: Est-ce qu'il y a un ordinateur?
Non, il n'y a pas d'ordinateur.

Section 3. Conversations

F. La réponse logique

1. a. Oui, j'ai soif.
   b. Non, je n'ai pas faim.
   c. Non, je n'ai pas soif.
2. a. Il est sur la table.
   b. Elle est là-bas.
   c. Elles sont dans le garage.
3. a. Isabelle et Françoise.
   b. Stéphanie.
   c. Elle s'appelle Mélanie.
4. a. Non, je n'ai pas de vélo.
   b. Si, j'ai un vélo.
   c. Oui, j'ai une moto.
5. a. Oui, ils ont une voiture.
   b. Oui, il a une voiture.
   c. Non, elle n'a pas de voiture.
6. a. Oui, elle aime la musique.
   b. Oui, elle joue au foot et au tennis.
   c. Non, elle n'a pas de vélo.

Section 4. Dictée

G. Écoutez et écrivez

—Tu aimes ________ cinéma?

—Oui, j'aime beaucoup ________ films d'action.

—Est-ce que tu aimes ________ musique?

—Bien sûr. J'ai un lecteur MP3 et ________ CD.

—Et une tablette?

—Non, je n'ai pas ________ tablette.

Nom ______________________

Classe ______________ Date ______________

Discovering FRENCH Nouveau!

BLEU

WRITING ACTIVITIES

A 1. Au café

A group of friends is at a café. Read what everyone is ordering. Then say if they are hungry or thirsty, using the appropriate forms of **avoir faim** or **avoir soif.**

▶ Hélène commande *(orders)* un jus de tomate. Elle a soif.

1. Nous commandons une pizza. ______________
2. Je commande une limonade. ______________
3. Tu commandes un steak-frites. ______________
4. Patrick commande un sandwich. ______________
5. Vous commandez un jus de raisin. ______________
6. Pauline et Sophie commandent un soda. ______________

B 2. Au choix (Your choice)

Complete the sentences with one of the suggested nouns. Be sure to use **un** or **une,** as appropriate.

▶ Éric mange une pizza (un sandwich). (sandwich? pizza?)

1. Nathalie commande ______________. (glace? soda?)
2. Sophie regarde ______________. (DVD? affiche?)
3. J'écris *(write)* avec ______________. (crayon? stylo?)
4. Pour mon anniversaire, je voudrais ______________. (vélo? portable?)

C 3. Quel article?

Complete the following sentences with the suggested articles, as appropriate.

(un, une, des)

1. Dans le garage, il y a ____ voiture et ____ bicyclettes.
2. Dans ma chambre, il y a ____ chaises et ____ lit.
3. Thomas a ____ portable et ____ MP3.
4. Isabelle est ____ copine. Paul et Marc sont ____ copains.

(le, la, l', les)

5. ____élèves et ____ professeur sont dans la classe.
6. ____ ordinateur est sur ____ bureau.
7. ____ stylo est sur ____ table.
8. Où sont ____ cahiers et ____ livres?

Nom ____

Classe ______________________________ Date ________________

Discovering FRENCH Nouveau!

BLEU

D 4. Pourquoi pas?

Sometimes we do not do certain things because we do not have what we need. Read about what the following people do not do. Then explain why by saying that they do not have one of the things in the box.

une télé	une voiture	une radio
une raquette	une montre	un portable

▶ Monsieur Dumont ne voyage pas. Il n'a pas de voiture.

1. Claire ne regarde pas le match de foot. ________________
2. Paul ne joue pas au tennis. ________________
3. Henri n'écoute pas le concert. ________________
4. Sophie ne téléphone pas à Céline. ________________
5. Jean n'est pas ponctuel *(punctual)*. ________________

Nom ___________________________

Classe _______________ Date _______________

Discovering FRENCH Nouveau!

BLEU

E 5. Qu'est-ce que tu préfères?

Indicate your preferences by choosing one of the items in parentheses. (Note: * = a feminine singular noun; ** = a plural noun)

▶ (soda ou limonade*?) Je préfère la limonade (le soda).

1. (théâtre ou cinéma?) ______
2. (musique* ou sports**?) ______
3. (gymnastique* ou foot?) ______
4. (français ou maths**?) ______
5. (pizza* ou spaghetti**?) ______
6. (carottes** ou salade*?) ______

F 6. Quel jour?

Say on which days of the week you do the following things.

▶ J'ai une classe de maths le mardi et le jeudi.

1. J'ai une classe de français ______.
2. J'ai une classe de musique ______.
3. Je dîne au restaurant ______.
4. Je fais les courses *(go shopping)* ______.

	LUNDI	MARDI	MERCREDI	JEUDI	VENDREDI	SAMEDI
8h30 à 9h30	Histoire	Allemand		Informatique	Allemand	Français
9h30 à 10h30	Anglais	Français	Anglais	Physique	Latin	Français
10h30 à 11h30	Sport	Français	Informatique	Maths	Sciences vie et terre	Latin
11h30 à 12h30	Français	Latin	Maths			Histoire ou civilisation
13h00 à 14h00				Allemand		
14h00 à 15h00	Sciences vie et terre	Maths		Sport		
15h00 à 16h00	Géographie	Maths				
16h00 à 17h00	Physique	Anglais				

Nom ______________________________ Discovering FRENCH Nouveau!

Classe ______________________ Date ______________ BLEU

7. Communication: En français!

1. You want to organize a party but you need help with the music. You phone your friend Mélanie.
   - *Tell her that you do not have a radio.* ______________________
   - *Ask her if she has an MP3 player* ______________________
   - *Ask her if she has CDs.* ______________________
2. You have invited Stéphanie to your house.
   - *Ask her if she is thirsty.* ______________________
   - *Ask her if she likes orange juice.* ______________________
   - *Ask her if she wants to play video games.* ______________________

Nom ______________________________

Classe ____________________ Date ____________________

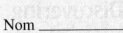

Discovering FRENCH Nouveau!

BLEU

LEÇON 11 Le copain de Mireille

LISTENING ACTIVITIES

Section 1. Les adjectifs

A. Compréhension orale

Modèle: amusante

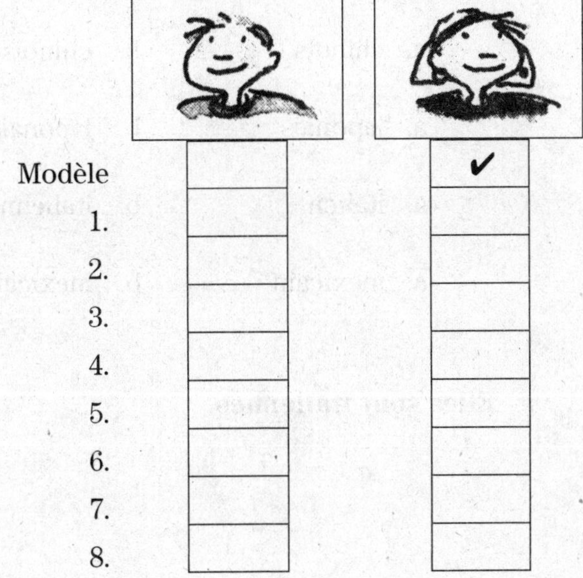

B. Parlez!

Modèle: Phillipe est amusant. Et Mélanie?
Elle est amusante.

1. Et Stéphanie?
2. Et Véronique?
3. Et Isabelle?
4. Et Marie?
5. Et Julie?
6. Et Pauline?

Nom ______________________________

Classe ____________________ Date ____________________

Discovering FRENCH *Nouveau!*

B L E U

Section 2. Les nationalités

C. Compréhension orale

▶		(a.) américain	b. américaine
1.		a. anglais	b. anglaise
2.		a. canadien	b. canadienne
3.		a. chinois	b. chinoise
4.	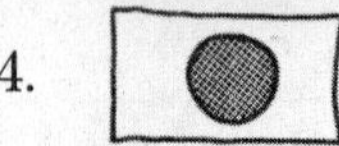	a. japonais	b. japonaise
5.		a. italien	b. italienne
6.		a. mexicain	b. mexicaine

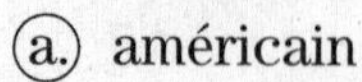
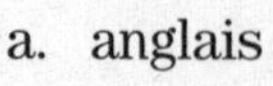
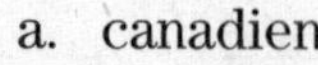

D. Parlez.

Modèle: Mes copines (Italie). **Elles sont italiennes.**

1. Mon cousin (Mexique)
2. Ma tante (Espagne)
3. Mes cousines (Canada)
4. Madame Katagiri (Japon)
5. Monsieur Tang (Chine)
6. Mon oncle (Suisse)

Section 3. Dictée

E. Écoutez et écrivez.

—Qui sont les filles sur la photo?

—Ce sont des copines de Québec.

—Elles sont ____________________ ?

—Non, elles sont ____________________ .

Elles sont ____________________ et très ____________________ .

—Et les garçons qui jouent au foot?

—Ils sont ____________________ . Ils sont très ____________________ .

Nom ______________________

Classe ______________ Date ______________

WRITING ACTIVITIES

A 1. Frères et soeurs

The following brothers and sisters are like each other. Describe the sisters, according to the model.

- ▶ Alain est blond. Monique est blonde.
1. Marc est petit. Yvonne ______________.
2. Philippe est grand. Françoise ______________.
3. Jean-Claude est timide. Stéphanie ______________.
4. Pierre est intelligent. Alice ______________.
5. Paul est sympathique. Juliette ______________.
6. Jérôme est beau. Hélène ______________.
7. Julien est mignon. Céline ______________.
8. Patrick est sportif. Catherine ______________.

2. Cousin, cousine

Describe two cousins of yours, one male, one female. Write four sentences for each person. (Your sentences may be affirmative or negative.)

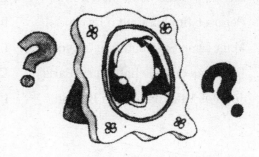

▶ Il n'est pas très grand.

Mon cousin s'appelle ______________.

1. ______________
2. ______________
3. ______________
4. ______________

▶ Elle est assez mignonne.

Ma cousine s'appelle ______________.

1. ______________
2. ______________
3. ______________
4. ______________

Nom ______________________________

Classe ______________________ Date ______________

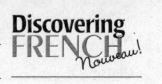

Discovering FRENCH Nouveau!

BLEU

A/B 3. Descriptions

Complete the following descriptions with **le**, **la**, or **les** and the appropriate forms of the adjectives in parentheses.

- ▶ Les livres sont intéressants. (intéressant)
1. ____ poster est ______________. (amusant)
2. ____ chats sont ______________. (mignon)
3. ____ table est ______________. (grand)
4. ____ chambre est ______________. (petit)
5. ____ chiens sont ______________. (gentil)

4. Quelle nationalité?

Read where the people live and give their nationalities. (Be sure to give the appropriate form of the adjective.)

- ▶ Madame Li habite à Hong Kong. Elle est chinoise.
1. Anne et Marie habitent à Québec. Elles ______________.
2. Madame Suárez habite à Mexico. Elle ______________.
3. Mon cousin habite à Zurich. Il ______________.
4. Silvia et Maria habitent à Rome. Elles ______________.
5. Peter et Jim habitent à Liverpool. Ils ______________.
6. M. et Mme Sato habitent à Kyoto. Ils ______________.
7. Delphine et Julie habitent à Paris. Elles ______________.
8. John et Mike habitent à Boston. Ils ______________.

C 5. Les voisins

Sandrine is talking about her neighbors. Write what she says using the words in parentheses. Follow the model.

▶ (fille / amusant) Catherine est une fille amusante.

1. (garçon / timide) Charles ______________.
2. (amie / gentil) Véronique ______________.
3. (homme / sympathique) M. Dupont ______________.
4. (femme / intelligent) Mme Bérard ______________.

A/B/C 6. Commérages *(Gossip)*

Jean-Paul likes to talk about other people. Write what he says, using the suggested words.

▶ Philippe / avoir / amie / japonais
Philippe a une amie japonaise.

1. Frédéric / inviter / fille / anglais
____
2. Jacques et Olivier / dîner avec / amies / canadien
____
3. Bernard / téléphoner à / copine / mexicain
____
4. Le professeur / avoir / élèves / bête
____
5. Jean-Pierre / avoir / livres / intéressant
____

Nom ____

Classe ____________________________ Date ______________________

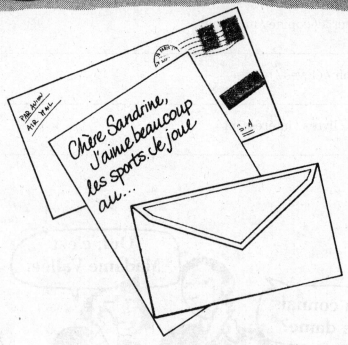

7. Communication

Write a short letter in French in which you describe yourself and two of your best friends.

PAR AVION
AIR MAIL
S.A
Chère Sandrine,
J'aime beaucoup
les sports. Je joue
au...

LEÇON 12 La voiture de Roger

LISTENING ACTIVITIES

Section 1. Les couleurs

A. Écoutez et répétez.

rouge / rouge
noir / noire
blanc / blanche
marron / marron
rose / rose
bleu / bleue
vert / verte
orange / orange
jaune / jaune
gris /grise

B. Questions et réponses

▶ —Est-ce que tu préfères la voiture rouge ou la voiture grise?
—Je préfère la voiture rouge.
(Je préfère la voiture grise.)

▶
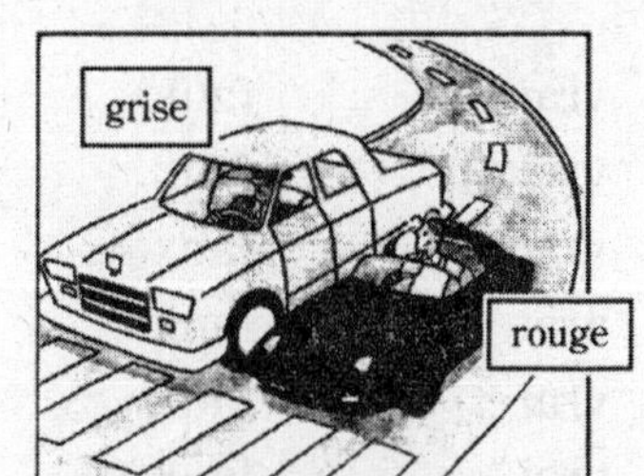

1.

2.

3.

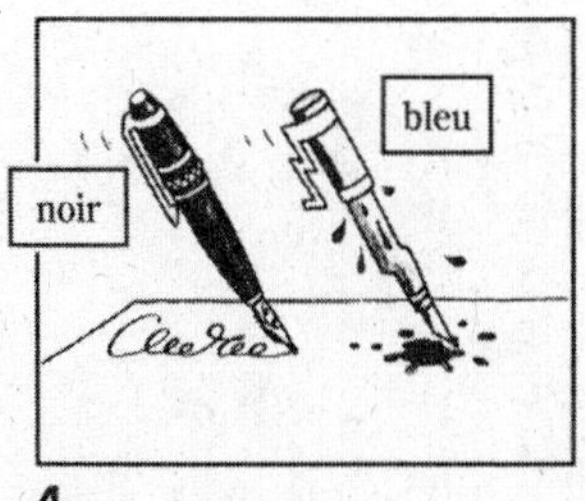

4.

5.

6.

Nom ______________________________

Classe ____________________ Date ____________

Section 2. La description?

C. Parlez.

Modèle: une lampe / jolie

Voici une lampe.
C'est une jolie lampe.

1. un vélo / beau
2. un cahier / petit
3. une voiture / belle
4. un chien / joli
5. un CD / bon
6. un livre / mauvais
7. une pizza / grande
8. un chat / petit

D. Compréhension orale

1. C'est la voiture de Jean-Claude.	vrai	faux
2. C'est une Renault.	vrai	faux
3. Elle marches très bien.	vrai	faux
4. Elle n'est pas rapide.	vrai	faux
5. Elle fait du 160 à l'heure *(160 kilometers per hour).*	vrai	faux
6. Jean-Claude a son permis *(driver's license).*	vrai	faux

Section 3. Il est ou c'est?

E. Questions et réponses

Modèle: François / un garçon
Oui, c'est un garçon sympathique.

1. Stéphanie / une copine
2. Marc / un garçon
3. Isabelle / une fille
4. Monsieur Dumas / un prof
5. Teresa / une amie
6. Antoine / un copain

Section 4. Dictée

F. Écoutez et écrivez.

—Ta mère a une ________?
—Oui, elle a une ________ voiture.
—________ une voiture ________?
—Non, ________ est rouge et ________.

Nom ______________________________

Classe ____________________ Date ____________________

Discovering FRENCH Nouveau!

BLEU

WRITING ACTIVITIES

A 1. Drapeaux de pays francophones
(Flags of French-speaking countries)

Color the flags according to the instructions.

BLEU	BLANC	ROUGE

France

NOIR	JAUNE	ROUGE

Belgique

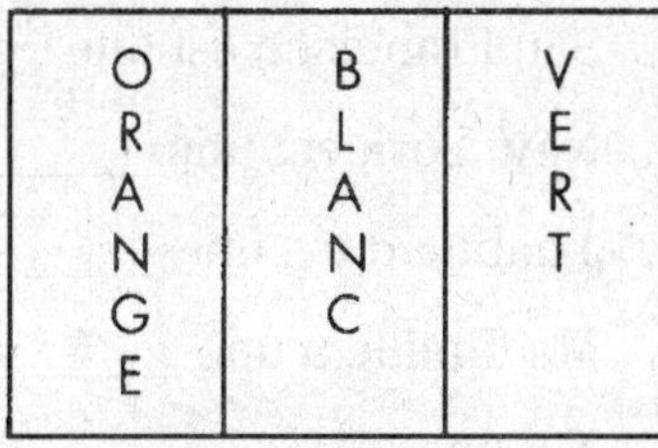

Côte d'Ivoire

2. De quelle couleur?

Describe the colors of the following items. (Use your imagination, if necessary.)

▶ Mon jean est bleu.

1. Mon tee-shirt est ____________________.
2. Mon crayon est ____________________.
3. Ma chambre est ____________________.
4. Ma bicyclette est ____________________.
5. Mon chien est ____________________.
6. La voiture de ma famille est ____________________.

Nom ______________________________

Classe ______________________ Date ______________________

B 3. Descriptions

Complete the following descriptions by writing in the appropriate form of one of the adjectives from the box.

bon	mauvais	grand	beau	petit

▶ San Francisco est une belle (grande) ville *(city)*.

1. New York est une ______________ ville.
2. J'habite dans une ______________ ville.
3. Ma famille a une ______________ voiture.
4. J'ai une ______________ chambre.
5. Les Red Sox sont une ______________ équipe *(team)*.
6. Les Cowboys sont une ______________ équipe.
7. Le président est un ______________ président.

4. Le Rallye cycliste

A group of friends is bicycling together. Each one has a different bicycle. Describe the bicycles using the suggested adjectives.

▶ Éric a un vélo anglais. (anglais)

▶ Isabelle a un grand vélo. (grand)

1. Philippe a ______________. (italien)
2. Thomas a ______________. (rouge)
3. Claire a ______________. (petit)
4. Hélène a ______________. (vert)
5. Marc a ______________. (joli)
6. Laure a ______________. (japonais)

C 5. Panne sèche *(Out of ink)*

Nathalie had planned to stress certain words by writing them in red ink. She realized—too late—that her red pen had dried up. Complete her assignment by filling in the missing words: **c'est, il est,** or **elle est**.

1. Voici Jean-Pierre.

    ____________ un copain.

    ____________ canadien.

    ____________ un garçon sympathique.

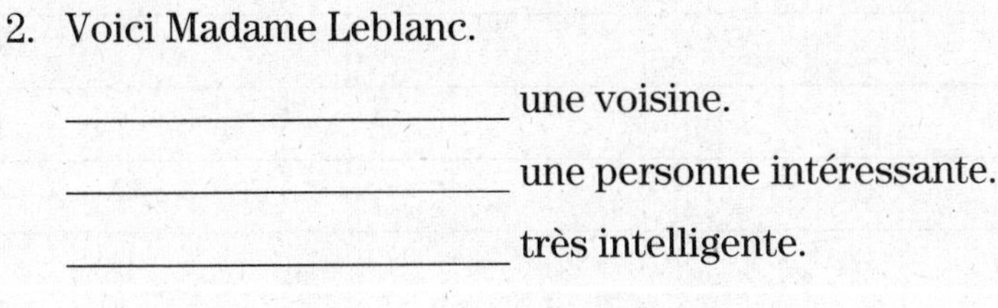

2. Voici Madame Leblanc.

    ____________ une voisine.

    ____________ une personne intéressante.

    ____________ très intelligente.

3. Regarde la voiture là-bas.

    ____________ une voiture française.

    ____________ une Renault.

    ____________ petite et rapide.

4. J'ai un scooter.

    ____________ rouge.

    ____________ italien.

    ____________ un bon scooter.

Nom ______________________________

Classe ______________ Date ______________

Discovering FRENCH Nouveau!

BLEU

D 6. Opinions personnelles

Here is a list of activities. Choose three activities you like and one activity you do not like. Explain why, using adjectives from the box.

Activités:

- danser
- chanter
- nager
- jouer au foot
- jouer au basket
- voyager
- visiter les musées
- organiser des boums
- inviter des copains
- étudier
- parler français
- travailler à la maison

chouette	**pénible**
super	**facile**
génial	**difficile**
drôle	

▶ *J'aime organiser les boums. C'est chouette!*

▶ *Je n'aime pas visiter les musées. C'est pénible.*

1. ______________________________
2. ______________________________
3. ______________________________
4. ______________________________

7. Communication: La voiture familiale *(The family car)*

Write a short description of your family car—or the car of someone you know. You may want to answer the following questions—in French, of course!

- Is it an American car? ______________
  (if not, what is it?) ______________
- What color is it? ______________
- Is it large or small? ______________
- Is it a good car? ______________

UNITÉ 4 Reading and Culture Activities

A. En France

1. You would go to this place if you had a problem with your . . .
   - ❑ bicycle
   - ❑ watch
   - ❑ car
   - ❑ computer

Colbert Agent Peugeot

Voitures neuves et occasion
Mécanique • Carrosserie • Dépannage

53, rue Ampère
38000 Grenoble
04 76 15 06 81

2. This is an ad for . . .
   - ❑ a book
   - ❑ a CD
   - ❑ a concert
   - ❑ a TV program

UN LIVRE POUR TOUS LES AMATEURS DE MUSIQUE CLASSIQUE

Bizet

SA VIE ET SA MUSIQUE

Série Les grands compositeurs
Éditions classiques

3. According to this ad, which of the following items could you buy at this store?
   - ❑ a stereo set
   - ❑ a cell phone
   - ❑ a computer
   - ❑ a movie camera

GILBERT

55, rue Cardinale • B.P. 130 • 13102 Aix-en-Provence

téléviseurs
vidéoprojecteurs
lecteurs DVD
radios
mini-chaînes
machines à laver
réfrigérateurs
congélateurs
cuisinières
lave-vaisselle

Nom _______________________________

Classe ____________________ Date ____________________

La Belle Ville
★★
25 chambres
plein centre-ville
à 500m de la gare
T.V. – Téléphone – Internet
Wir sprechen Deutsch
We speak English

34, rue de la Course
67000 STRASBOURG
Tél 03 50 58 18 97

4. The following ad was placed by Parmelan, which is the name of . . .
   - ❑ a hotel
   - ❑ a travel agency
   - ❑ a phone company
   - ❑ a TV store

Micro-Technologie
le nouveau magazine de l'informatique

5. You would buy this magazine if you were interested in . . .
   - ❑ music
   - ❑ photography
   - ❑ history
   - ❑ computers

LAURENT ❖ ALBERTI
LIBRAIRIE • PAPETERIE

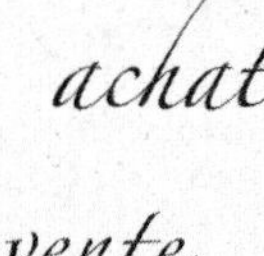

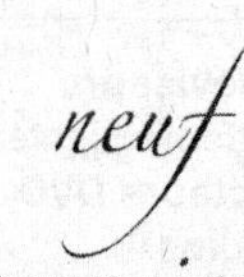

NOS MAGASINS A TOURS :

Librairie universitaire et générale
41, rue des Tanneurs

Librairie scolaire
SERVICE ACHAT OCCASION
9, rue Voltaire

Papeterie
47, rue des Tanneurs

6. According to the ad, this would be the place to go if you wanted to buy . . .
   - ❑ used books
   - ❑ secondhand computers
   - ❑ stereo equipment
   - ❑ old clothes

B. Articles à vendre

You are in France and have gone to the local supermarket. There, on the board, you see the following announcements for items for sale.

OCCASION EXCEPTIONNELLE
vends
Appareil-photo OLYMPUS AM 100
avec Flash intégré
Prix: 50€
Téléphoner à Sophie Lebihan
01.49.22.61.32

- What is Sophie selling? ______________________
  What price is she asking? ______________________
- How can you reach her? ______________________

À VENDRE
Vélo tout terrain
10 vitesses
Excellente condition
Prix: à débattre
Téléphoner à Didier Muller
entre 16 heures et 19 heures
03. 88. 22. 61. 32

- What is Didier selling? ______________________
  What price is he asking? ______________________
- When can you reach him? ______________________

Nom ______________________ Discovering FRENCH Nouveau!

Classe ______________ Date ______________

BLEU

C. Le Club des correspondants

You have been looking at a French youth magazine and noticed the following requests for pen pals.

Le Club des correspondants

Garçon français, 16 ans, brun, yeux bleus, sympathique mais un peu timide, voudrait correspondre avec Américaine ou Anglaise parlant le français. Aime le sport, le ciné et la moto. Joindre photo. Réponse assurée.
Olivier Lambesq
25, place Gambetta
24100 Bergerac

Jeune Française, 15 ans, sportive (tennis, basket, ski) désire correspondre avec étudiants américains ou anglais du même âge pour échanger posters et CD de rock et de rap.
Écrire à:
Dominique Loiseau
32, rue du Dragon
75006 Paris

J'aime la danse, le cinéma et la musique. J'ai 16 ans et je suis française. Je voudrais correspondre avec fille ou garçon de mon âge, de préférence porto-ricain ou mexicain, pour échanger CD de musique latine ou de guitare espagnole.
Carole Gaune
45, boulevard de la Mer
76200 Dieppe, France

Jeune Américain, 16 ans, voudrait correspondre avec jeunes Français du même âge parlant l'anglais. Aime le ciné, la musique classique et la moto. Joindre photo. Réponse assurée.
Patrick Smith
1329 Cole Street
San Francisco, CA 94117

Je m'appelle Julie, et j'ai douze ans. Je voudrais correspondre avec un garçon canadien de 13 à 15 ans, parlant anglais, pour échanger CD. J'aime le jazz, le rock et le rap.
Julie Cartier
25, rue Colbert
63000 Clermont-Ferrand

Mots croisés

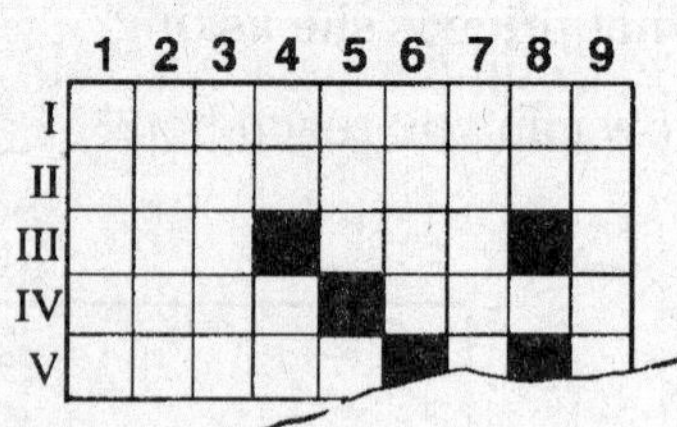

- Which of the young people like music? ______________________
  Which one does not mention music? ______________________
- Which ones want to trade things? ______________________
  What do they want to trade? ______________________
- Which ones mention sports? ______________________
- Would you like to correspond with any of these young people?
  Why or why not? ______________________

Nom ______________________________

Classe ______________________ Date ______________

Unité 5. En ville

LEÇON 13 Le français pratique: La ville et la maison

LISTENING ACTIVITIES

Section 1. La ville

A. Compréhension orale

▶ Dans ma rue, il y a . . .
- a. ☑ un hôtel
- b. ☑ un magasin
- c. ❑ un café
- d. ☑ un restaurant

1. Dans ma rue, il y a . . .
   - a. ❑ une bibliothèque
   - b. ❑ un cinéma
   - c. ❑ un magasin
   - d. ❑ un supermarché

2. Dans mon quartier, il y a . . .
   - a. ❑ une église
   - b. ❑ une école
   - c. ❑ un hôpital
   - d. ❑ un café

3. Dans ma ville, il y a . . .
   - a. ❑ une bibliothèque
   - b. ❑ une église
   - c. ❑ un théâtre
   - d. ❑ un musée

4. Dans ma ville, il y a aussi . . .
   - a. ❑ un supermarché
   - b. ❑ un hôpital
   - c. ❑ un centre commercial
   - d. ❑ une piscine

5. Il y a aussi . . .
   - a. ❑ un stade
   - b. ❑ une plage
   - c. ❑ un parc
   - d. ❑ un musée

Nom ____

Classe ____________________________ Date ________________

Discovering FRENCH Nouveau!

BLEU

B. Questions et réponses

▶—Qu'est-ce que c'est?
—**C'est un cinéma.**

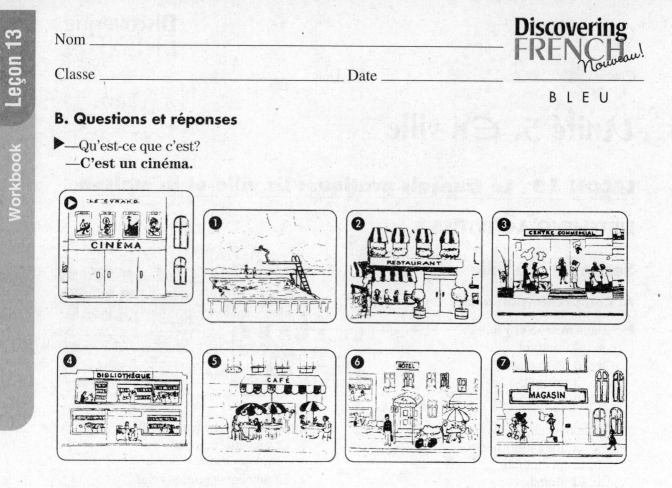

Section 2. Les directions

C. Compréhension orale

Now you will hear several people asking how to get to certain places. Listen carefully to the answers. Select the corresponding completions in your Workbook.

1. Le Café de l'Univers?
   a. ❑ C'est tout droit.
   b. ❑ C'est là-bas à droite.
   c. ❑ C'est là-bas à gauche.
2. Le Grand Hôtel?
   a. ❑ C'est loin.
   b. ❑ Ce n'est pas très loin.
   c. ❑ C'est à côté *(next door)*.
3. Un restaurant?
   a. ❑ Là-bas, vous tournez à gauche.
   b. ❑ Là-bas, vous tournez à droite.
   c. ❑ Là-bas, vous allez tout droit.
4. La cathédrale?
   a. ❑ Vous continuez tout droit.
   b. ❑ Vous tournez à droite et vous continuez tout droit.
   c. ❑ Vous tournez à gauche et vous continuez tout droit.

D. Écoutez et répétez.

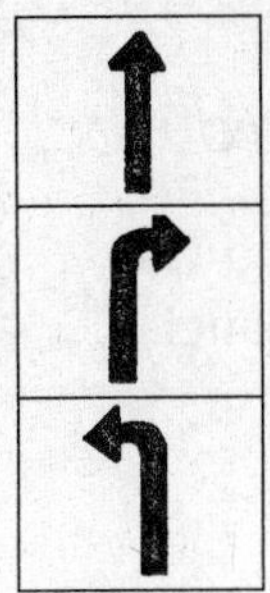

C'est tout droit.

C'est à droite.

C'est à gauche.

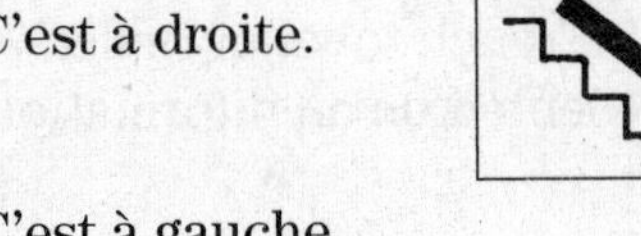

C'est en haut.

C'est en bas.

Section 3. La maison

E. Compréhension orale

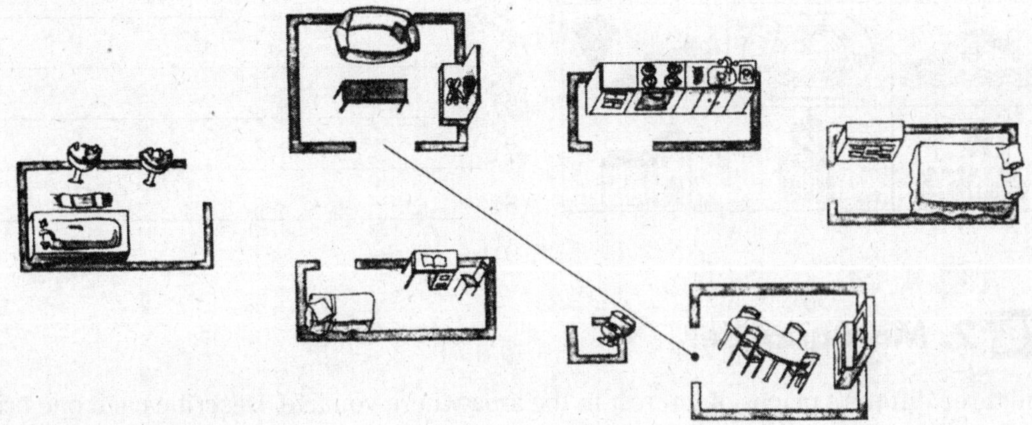

F. Questions et réponses

Modèle: —Où est la cuisine?
—C'est à droite.

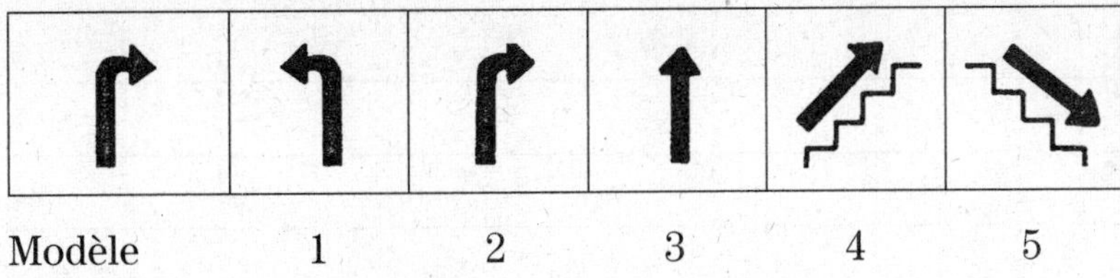

Modèle 1 2 3 4 5

Section 4. Dictée

G. Écoutez et écrivez.

—Pardon, mademoiselle, où est ________ des Anglais?

—Il est dans la ________ de la République.

—C'est ________?

—Non, vous tournez à ________ et vous continuez tout ________.

—Merci.

Nom ______________________

Classe ______________ Date ______________

Discovering FRENCH Nouveau!

BLEU

WRITING ACTIVITIES

A/B 1. Bienvenue à Bellerive-du-Lac *(Welcome to Bellerive-du-Lac)*

Imagine that you are spending your vacation in the small French town of Bellerive-du-Lac. The various facilities that the town has to offer are represented on an information panel. List as many of these facilities as you can.

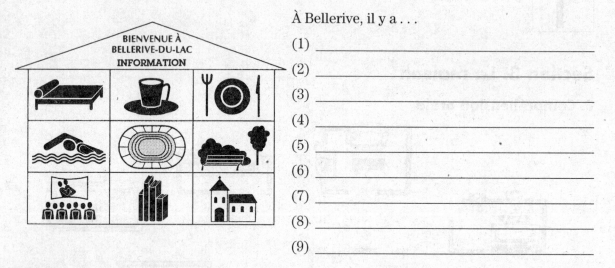

BIENVENUE À
BELLERIVE-DU-LAC
INFORMATION

À Bellerive, il y a . . .

(1) ______________________

(2) ______________________

(3) ______________________

(4) ______________________

(5) ______________________

(6) ______________________

(7) ______________________

(8) ______________________

(9) ______________________

A/B 2. Mon quartier

Name three different places of interest in the area where you live. Describe each one briefly.

▶ *Dans mon quartier, il y a un restaurant français. Il s'appelle Chez Tante Louise. C'est un assez bon restaurant.*

1. ______________________

2. ______________________

3. ______________________

C/D 3. Où est-ce?

Imagine that you are living in a French town. Someone is asking you for directions. Help the person out, according to the suggestions.

▶ —Pardon, où est l'hôtel Beau-Rivage?

—C'est tout droit.

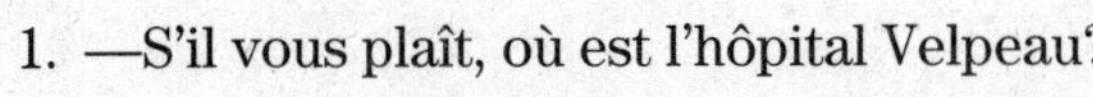

1. —S'il vous plaît, où est l'hôpital Velpeau?

   —C'est ____________.

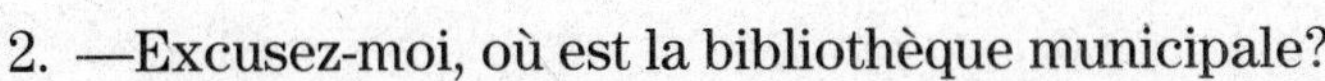

2. —Excusez-moi, où est la bibliothèque municipale?

   —C'est ____________.

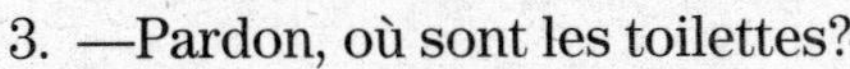

3. —Pardon, où sont les toilettes?

   —C'est ____________.

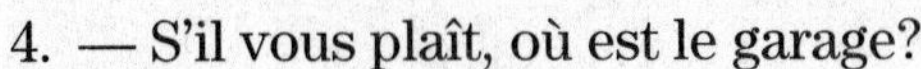

4. — S'il vous plaît, où est le garage?

   —C'est ____________.

D 4. Ma maison

Draw a floor plan of your house or apartment. Label each room. (If you prefer, you can draw the floor plan of your dream house.)

Nom ______________________________

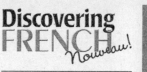

Classe ______________________ Date ______________

Discovering FRENCH Nouveau!

BLEU

LEÇON 14 Week-end à Paris

LISTENING ACTIVITIES

Section 1. Je vais à . . .

A. Écoutez et répétez.

1. Je vais en classe.
2. Tu vas au café.
3. Il va au cinéma.
4. Nous allons à une boum.
5. Vous allez à Paris.
6. Ils vont en France.

Section 2. Où vont-ils?

B. Compréhension orale

a. ____ au stade
b. ____ au café
c. *1* ____ à l'école
d. ____ au musée
e. ____ au centre commercial
f. ____ au restaurant
g. ____ au lycée
h. ____ au supermarché

C. Compréhension orale

a. ____ la bibliothèque
b. ____ l'hôtel
c. ____ la piscine
d. ____ le cinéma

Tu vas au café?
Non, je vais à la plage.

Nom ______________________________

Classe ____________________ Date ____________________

Discovering FRENCH Nouveau!
BLEU

D. Questions et réponses

▶—Est-ce qu'il va au restaurant ou au stade?
—**Il va au restaurant.**

E. Questions et réponses

Modèle: le cinéma —Où vas-tu?
—Je vais au cinéma.

1. le supermarché
2. la piscine
3. le café
4. la bibliothèque
5. l'école

Nom ____

Classe ______________________ Date ______________

Discovering FRENCH *Nouveau!*

B L E U

Section 3. Qu'est-ce que vous allez faire?

F. Compréhension orale

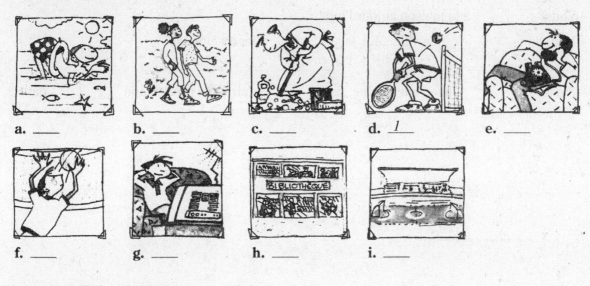

a. ___ b. ___ c. ___ d. *1* e. ___

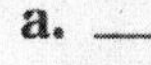

f. ___ g. ___ h. ___ i. ___

G. Questions et réponses

Modèle: dîner —Tu vas au restaurant?
—Oui, je vais dîner.

1. nager
2. étudier
3. jouer au foot
4. faire une promenade
5. danser
6. jouer aux jeux vidéo

Section 4. Conversations

H. La réponse logique

1. a. Oui, j'ai faim.
   b. À sept heures.
   c. Chez un copain.
2. a. En bus.
   b. À huit heures.
   c. Je vais au restaurant.
3. a. À pied.
   b. Oui, je vais nager.
   c. Oui, je fais une promenade.
4. a. Je vais à une boum.
   b. Je fais une omelette.
   c. Oui, d'accord!
5. a. Oui, je vais au concert.
   b. Oui, je vais étudier.
   c. Oui, je vais au cinéma avec un ami.
6. a. Oui, je vais à un soirée.
   b. Oui, je vais regarder la télé.
   c. Oui, je fais une promenade.

Unité 5
Leçon 14

Workbook

Nom ______________________________

Classe ____________________ Date ______________

Discovering FRENCH Nouveau!

BLEU

Section 5. Dictée

I. Écoutez et écrivez.

—Vous __________ à la maison aujourd'hui?

—Non, nous __________ en ville. Moi, je __________ aller au cinéma.

—Et ton frère?

—Il a un __________ avec une copine. Ils __________ faire une promenade __________ dans le parc municipal.

WRITING ACTIVITIES

A 1. La tour Eiffel

Fit the six forms of **aller** into the Eiffel Tower. Then fill in the blanks to the left with the corresponding subject pronouns.

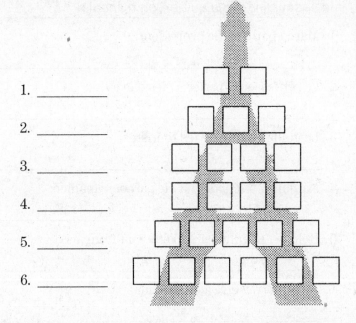

1. __________
2. __________
3. __________
4. __________
5. __________
6. __________

A/B 2. Le week-end

On weekends, people go to different places. Read what the following people like to do. Then say where each one is going by choosing an appropriate place from the list. Use the appropriate forms of **aller à.**

piscine	**restaurant**	**cinéma**	**musée**	**stade**
plage	**bibliothèque**	**concert**	**centre commercial**	

▶ Caroline aime nager. *Elle va à la piscine.*

1. Philippe et Jean-Louis aiment jouer au football. ______________
2. Mademoiselle Bellamy aime l'art moderne. ______________
3. Brigitte aime les westerns. ______________
4. Paul et Marc aiment la musique. ______________
5. J'aime regarder les magazines français. ______________
6. Tu aimes dîner en ville. ______________
7. Nous aimons nager. ______________
8. Vous aimez le shopping. ______________

Nom ______________________________

Classe ______________________ Date ______________

Discovering FRENCH Nouveau!

BLEU

B 3. Qu'est-ce qu'ils font?

Describe what the following people are doing. Use the suggested words to form complete sentences.

▶ Jacqueline / parler à / le garçon français
Jacqueline parle au garçon français.

1. Marc / parler à / le professeur
____
2. Le professeur / parler à / les élèves
____
3. Le guide / parler à / les touristes
____
4. Nathalie / téléphoner à / le garçon canadien
____
5. Hélène / téléphoner à / l'étudiant français
____
6. Jean-Pierre / être à / le cinéma
____
7. Juliette / étudier à / la bibliothèque
____
8. Le taxi / arriver à / l'aéroport
____

Nom ______________________

Classe ______________ Date ______________

Discovering FRENCH Nouveau!

BLEU

C 4. Les voisins de Mélanie

Mélanie is selling tickets to the school fair and hopes her neighbors will buy some. Indicate that Mélanie is visiting the houses in the illustration. Use the expression **chez.**

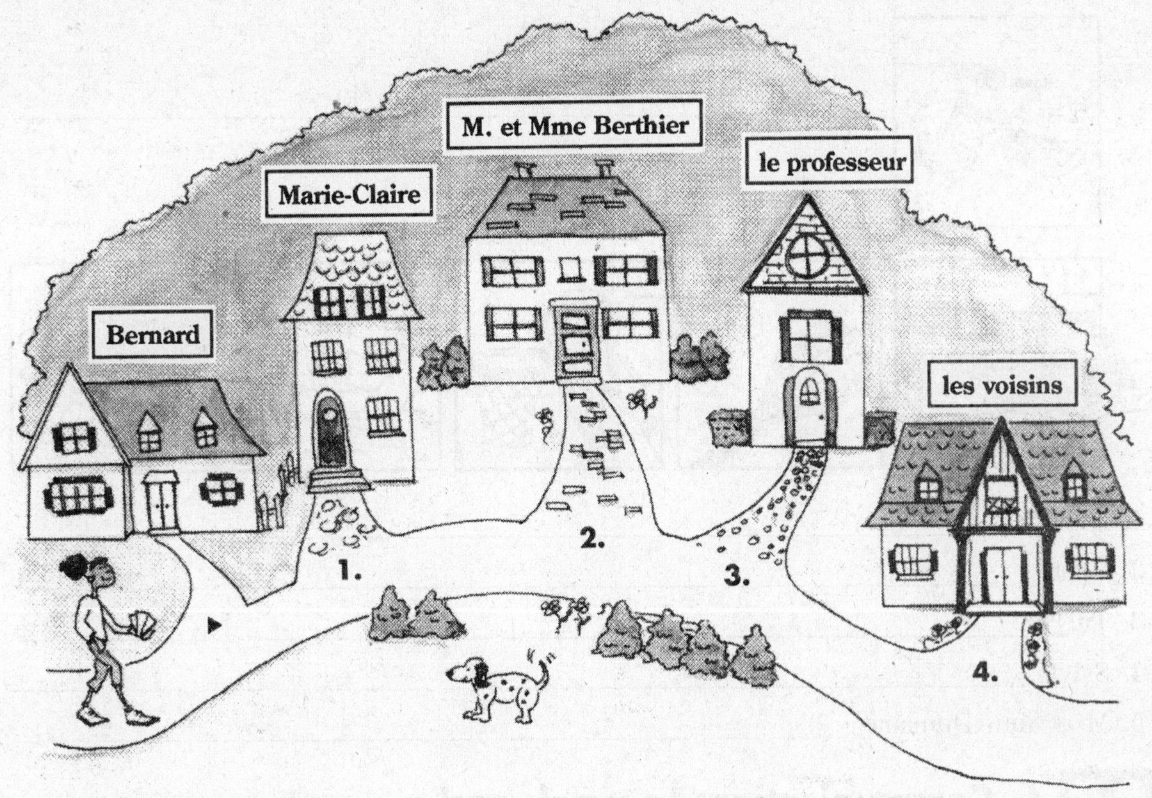

▶ Mélanie va chez Bernard.

1. Elle va ______________________.
2. Elle va ______________________.
3. Elle va ______________________.
4. Elle va ______________________.

Nom ______________________________

Classe ______________________ Date ______________________

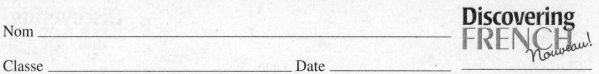

Discovering FRENCH Nouveau!

BLEU

D 5. Qu'est-ce qu'ils vont faire?

The following people are going out. Describe what each one is going to do, using the construction **aller** + infinitive.

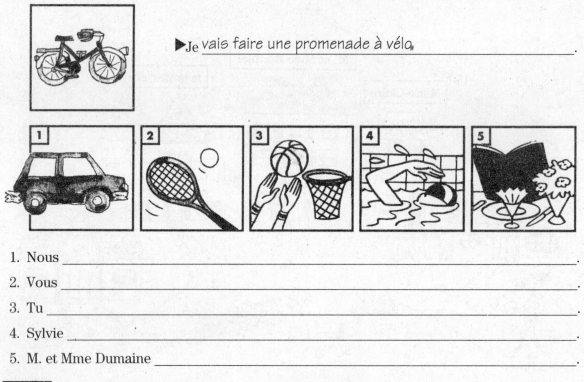

▶ Je vais faire une promenade à vélo.

1. Nous ______________________________.
2. Vous ______________________________.
3. Tu ______________________________.
4. Sylvie ______________________________.
5. M. et Mme Dumaine ______________________________.

 6. Communication: Le week-end

Write a short paragraph about your weekend plans. Describe four things that you are going to do and two things you are not going to do.

OUI!

- ______________________________
- ______________________________
- ______________________________
- ______________________________

NON!

- ______________________________
- ______________________________

LEÇON 15 Au Café de l'Univers

LISTENING ACTIVITIES

Section 1. Je viens de . . .

A. Écoutez et répétez.

1. Je viens du café.
2. Tu viens du cinéma.
3. Elle vient de la plage.
4. Nous venons de la piscine.
5. Vous venez du supermarché.
6. Elles viennent du musée.

B. Questions et réponses

Modèle: —Tu vas au café?
—Non, je viens du café.

Section 2. Les sports et la musique

C. Compréhension orale

D. Questions et réponses

▶—Est-ce que Paul joue au tennis ou au ping-pong?
—Il joue au ping-pong.

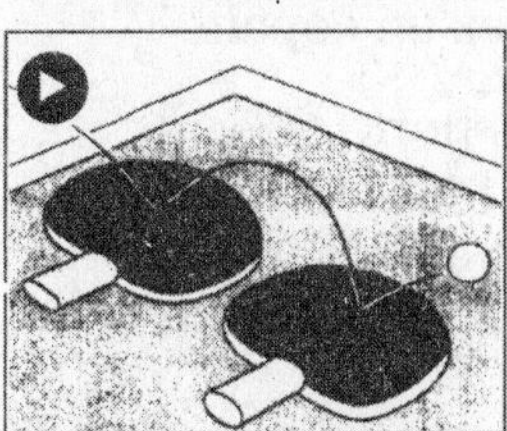

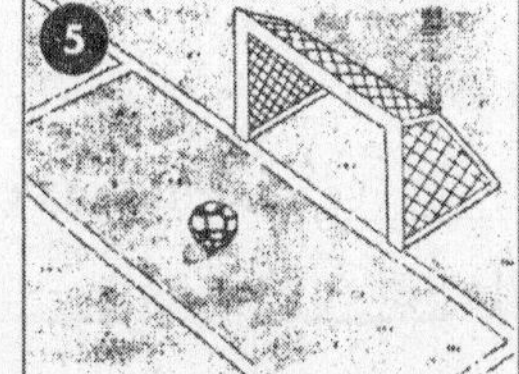

Nom ______________________________

Classe ____________________ Date ____________

Discovering FRENCH Nouveau!
BLEU

Section 3. Les pronoms accentués

E. Écoutez et répétez.

Moi, je suis chez moi.
Toi, tu restes chez toi.
Lui, il étudie chez lui.
Elle, elle travaille chez elle.
Nous, nous dînons chez nous.
Vous, vous mangez chez vous.
Eux, ils regardent la télé chez eux.
Elles, elles mangent une pizza chez elles.

F. Parlez.

Modèle: Toi **Tu vas chez toi.**
Jean-Paul **Jean-Paul va chez lui.**

Commençons.

1. Stéphanie
2. Nicolas
3. Vous
4. Nous
5. Alice et Véronique
6. Pierre et François
7. Moi
8. Mon cousin

Section 4. Conversations

G. La réponse logique

1. a. À pied.
   b. Au café.
   c. Du cinéma.
2. a. En ville.
   b. Du musée.
   c. À la bibliothèque.
3. a. J'ai une voiture de sport.
   b. Je joue aux cartes.
   c. C'est le foot.
4. a. Oui, j'aime la musique.
   b. Oui, je joue de la clarinette.
   c. Oui, je joue au baseball.
5. a. Non, mais je joue aux échecs.
   b. Oui, je joue du piano.
   c. Non, je n'aime pas la musique.
6. a. Oui, il est chez lui.
   b. Oui, il est chez moi.
   c. Oui, il est chez elle.
7. a. Oui, je vais chez moi.
   b. Oui, je suis chez moi.
   c. Oui, je vais chez un copain.
8. a. Oui, il aime le sport.
   b. Oui, il joue au foot.
   c. Oui, il a une Jaguar.

Section 5. Dictée

H. Écoutez et écrivez.

—Est-ce que ton copain est chez __________?

—Non, il __________ __________ cinéma avec son frère.

—À quelle heure est-ce qu'ils __________ __________ cinéma?

—À six heures.

—Et qu'est-ce qu'ils vont __________ après *(afterwards)*?

—Ils rentrent *(are going back)* dîner chez __________.

Nom ____________________

Classe ____________ Date ____________

Discovering FRENCH Nouveau!

BLEU

WRITING ACTIVITIES

A 1. La boum de Catherine

Catherine is organizing a party. Say who is coming and who is not, using the appropriate forms of **venir.**

▶ Claire a un examen demain. Elle ne vient pas.

1. Philippe et Antoine aiment les boums. ____________
2. Je dois étudier. ____________
3. Nous aimons danser. ____________
4. Tu acceptes l'invitation. ____________
5. Vous n'êtes pas invités. ____________
6. Thomas est malade *(sick)*. ____________

A/B 2. D'où viennent-ils?

It is dinner time and everyone is going home. Say which places each person is coming from.

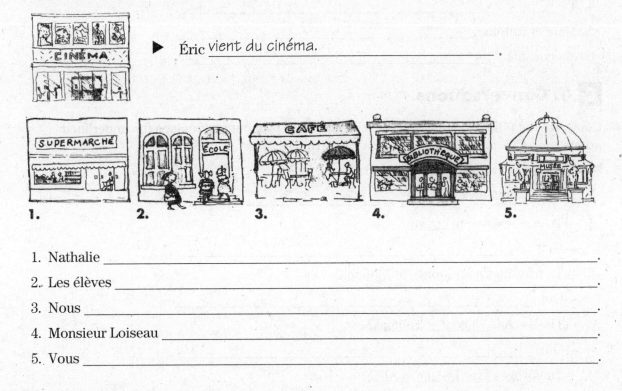

▶ Éric vient du cinéma.

1.  2.  3.  4.  5.

1. Nathalie ____________.
2. Les élèves ____________.
3. Nous ____________.
4. Monsieur Loiseau ____________.
5. Vous ____________.

Nom ______________________________________

Classe ____________________ Date ____________________

B 3. À la Maison des Jeunes

La Maison des Jeunes is a place where young people go for all kinds of different activities. Say what the following people are doing, using **jouer à** or **jouer de,** plus the illustrated activity.

▶ Nous jouons au ping-pong.

1. Diane ______________________________.
2. Stéphanie et Claire ______________________________.
3. Vous ______________________________.
4. Tu ______________________________.
5. Marc et Antoine ______________________________.
6. Ma cousine ______________________________.

C 4. Conversations

Complete the following mini-dialogues, using stress pronouns to replace the underlined nouns.

▶ —Tu dînes avec <u>Jean-Michel</u>?
—Oui, je dîne avec lui.

1. —Tu étudies avec <u>ta copine</u>?
—Oui, ______________________________.
2. —Tu travailles pour <u>Monsieur Moreau</u>?
—Oui, ______________________________.
3. —Tu vas chez <u>Vincent et Thomas</u>?
—Oui, ______________________________.
4. —Tu voyages avec <u>Hélène et Alice</u>?
—Oui, ______________________________.

Nom ______________________________

Classe ______________ Date ______________

5. L'orage *(The storm)*

Because of the storm, everyone is staying home today. Express this by completing the sentences below with **chez** and the appropriate stress pronoun.

▶ Nous étudions chez nous.

1. Monsieur Beaumont reste ______________.
2. Madame Vasseur travaille ______________.
3. Je regarde un DVD ______________.
4. Tu joues aux jeux vidéo ______________.
5. Vous dînez ______________.
6. Vincent et Philippe jouent aux échecs ______________.
7. Cécile et Sophie étudient ______________.
8. Jean-Paul regarde la télé ______________.

D 6. Qu'est-ce que c'est?

Identify the following objects more specifically.

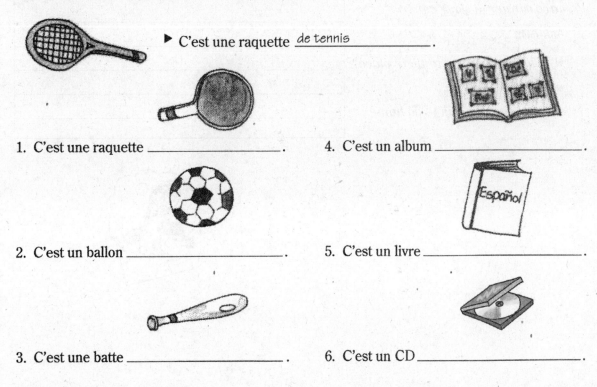

▶ C'est une raquette de tennis.

1. C'est une raquette ______________.
2. C'est un ballon ______________.
3. C'est une batte ______________.
4. C'est un album ______________.
5. C'est un livre ______________.
6. C'est un CD ______________.

Nom ______________________________

Classe ______________________ Date ______________________

Discovering FRENCH Nouveau!

BLEU

7. Communication

1. Et vous?
   Describe your leisure activities.
   Say . . .
   - *which sports you play* ______________________.
   - *which games you play* ______________________.
   - *which instrument(s) you play* ______________________.

2. Lettre à Jérôme
   Your friend Jérôme is going to spend Saturday with you.
   Ask him . . .
   - *at what time he is coming*
   - *if he plays tennis*
   - *if he has a tennis racket*
   - *if he likes to play chess*

   Tell him that you are going to have dinner at your cousins'.

   Ask him . . .
   - *if he wants to go to their place too*
   - *what time he has to go home*

LEÇON 16 Mes voisins

LISTENING ACTIVITIES

Section 1. La famille

A. Écoutez et répétez.

la famille

les grands-parents	le grand-père	la grand-mère
les parents	le père	la mère
	le mari	la femme
les enfants	un enfant	une enfant
	le frère	la soeur
	le fils	la fille
des parents	l'oncle	la tante
	le cousin	la cousine

B. Compréhension orale

a. ______ la grand-mère d'Olivier
b. ______ la mère d'Olivier
c. ______ la tante Alice
d. ______ le mari de tante Alice
e. ______ l'oncle Édouard
f. ______ le père d'Olivier
g. ______ les cousins d'Olivier
h. ______ Olivier

1.

2.

3.

4.

Nom ____

Classe ______________________ Date __________________

C. Questions et réponses

▶—Qui est Éric Vidal?
—**C'est le cousin de Frédéric.**

Section 2. Les adjectifs possessifs

D. Écoutez et répétez.

mon copain, ma copine, mes amis

ton père, ta soeur, tes parents

son lecteur MP3 sa tablette, ses CD

notre maison, nos voisins

votre école, vos profs

leur tante, leurs cousins

E. Écoutez et parlez.

Modèle: une guitare **C'est ma guitare.**

un lecteur MP3
une tablette
des livres
un portable
des CD

Modèle: une maison **C'est notre maison.**

une voiture
un ordinateur
des photos

F. Parlez.

Modèle: C'est la voiture de Marc? **Oui, c'est sa voiture.**

Modèle: C'est la maison de tes voisins? **Oui, c'est leur maison.**

G. Compréhension orale

	Modèles		1	2	3	4	5	6	7	8	9	10
A:	✔											
B:		✔										

Section 3. Dictée

H. Écoutez et écrivez.

Modèle: Eh bien, voilà. C'est ma maison.

1. Et ça, c'est la maison des voisins. C'est ______ maison.
2. Ça, c'est ______ voiture. Et ça c'est leur voiture.
3. Voici ______ mobylette.
4. Et voilà la mobylette de mon frère. C'est ______ mobylette.
5. Voici ______ cuisine.
6. Voici ______ chambre.
7. Et voici la chambre de mes parents. C'est ______ chambre.
8. Voici la chambre de ma soeur. C'est ______ chambre.
9. Ah, mais ça, ce n'est pas son lecteur MP3! C'est ______ lecteur MP3.

Nom ______________________________

Classe ______________________ Date ______________________

Discovering FRENCH Nouveau!

BLEU

WRITING ACTIVITIES

A 1. La consigne *(The check room)*

The following objects have been left at the check room, tagged with their owner's names. Identify each item.

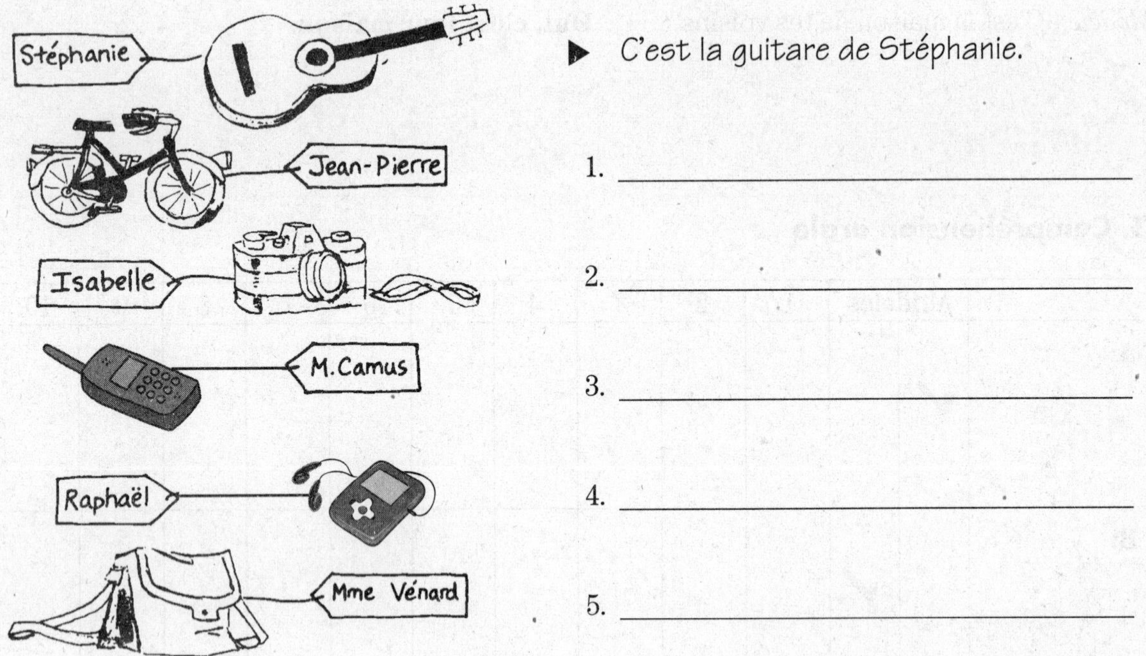

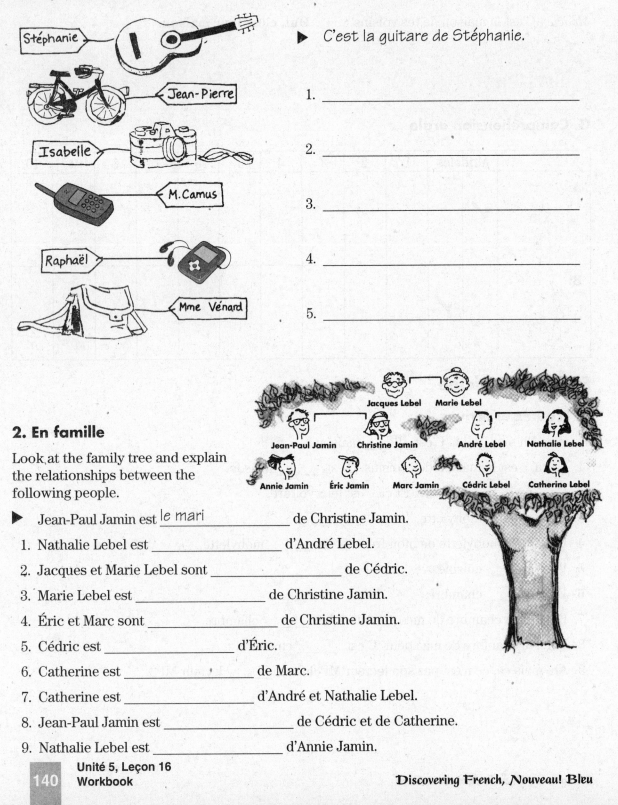

▶ *C'est la guitare de Stéphanie.*

1. ______________________
2. ______________________
3. ______________________
4. ______________________
5. ______________________

2. En famille

Look at the family tree and explain the relationships between the following people.

Jacques Lebel, Marie Lebel
Jean-Paul Jamin, Christine Jamin, André Lebel, Nathalie Lebel
Annie Jamin, Éric Jamin, Marc Jamin, Cédric Lebel, Catherine Lebel

▶ Jean-Paul Jamin est *le mari* de Christine Jamin.

1. Nathalie Lebel est ____________ d'André Lebel.
2. Jacques et Marie Lebel sont ____________ de Cédric.
3. Marie Lebel est ____________ de Christine Jamin.
4. Éric et Marc sont ____________ de Christine Jamin.
5. Cédric est ____________ d'Éric.
6. Catherine est ____________ de Marc.
7. Catherine est ____________ d'André et Nathalie Lebel.
8. Jean-Paul Jamin est ____________ de Cédric et de Catherine.
9. Nathalie Lebel est ____________ d'Annie Jamin.

B 3. En vacances

The following people are spending their vacations with friends or family. Complete the sentences below with **son, sa,** or **ses,** as appropriate.

1. Guillaume voyage avec ______ soeur et ______ parents.
2. Juliette visite Paris avec ______ frère et ______ cousines.
3. Paul va chez ______ ami Alain.
4. Sandrine est chez ______ amie Sophie.
5. En juillet, Jean-Paul va chez ______ grands-parents.
   En août, il va chez ______ tante Marthe. En septembre,
   il va chez ______ amis anglais.
6. Hélène va chez ______ grand-père. Après (*afterwards*), elle va chez ______ oncle François.

B/C 4. Pourquoi pas?

The following people are not engaged in certain activities because they do not have certain things. Complete the sentences with **son, sa, ses, leur,** or **leurs** and an appropriate object from the box. Be logical.

radio	**voiture**	*ordinateur*	**mobylette**
stylos	**raquettes**	**livres**	portable

▶ Isabelle et Cécile n'étudient pas. Elles n'ont pas leurs livres.

1. Pierre et Julien ne jouent pas au tennis. Ils n'ont pas ______________.
2. Philippe ne va pas en ville. Il n'a pas ______________.
3. Alice et Claire n'écoutent pas le concert. Elles n'ont pas ______________.
4. Madame Imbert ne travaille pas. Elle n'a pas ______________.
5. Mes parents ne voyagent pas. Ils n'ont pas ______________.
6. Les élèves n'écrivent pas (*are not writing*). Ils n'ont pas ______________.
7. Élodie ne téléphone pas. Elle n'a pas ______________.

Nom ______________________________

Classe ____________________ Date ____________________

Discovering FRENCH Nouveau!

BLEU

5. Le week-end

On weekends we like to do things with our friends and relatives. Complete the sentences below with the appropriate possessive adjectives.

▶ Nous faisons une promenade en voiture avec nos parents.

1. Isabelle et Francine vont au cinéma avec ______ cousins.
2. Je joue au tennis avec ______ copains.
3. Tu dînes chez ______ oncle.
4. Philippe et Marc vont au restaurant avec ______ copines.
5. Hélène fait une promenade à vélo avec ______ frère.
6. Nous téléphonons à ______ grand-mère.
7. Vous allez au musée avec ______ oncle.
8. Nous jouons aux cartes avec ______ amis.
9. Vous visitez un musée avec ______ soeur.

MUSEE PICASSO

D 6. La course cycliste

Say how the following people finished the bicycle race.

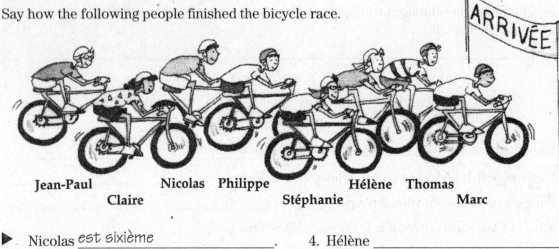

ARRIVÉE

Jean-Paul Claire Nicolas Philippe Stéphanie Hélène Thomas Marc

▶ Nicolas est sixième.

1. Philippe ______________________.
2. Claire ______________________.
3. Marc ______________________.
4. Hélène ______________________.
5. Jean-Paul ______________________.
6. Thomas ______________________.
7. Stéphanie ______________________.

7. Communication: La famille de mes amis

Think of two of your friends. For each one, write four sentences describing his/her family. (If you wish, you can describe the families of imaginary friends.)

▶ Mon copain s'appelle Tom.

____

____

____

____

• Mon copain s'appelle ______.

____

____

____

____

• Ma copine s'appelle ______.

____

____

____

____

UNITÉ 5 Reading and Culture Activities

A. En voyage

1. This ad is for . . .
   - ❑ a vacation condo for sale
   - ❑ a house for sale
   - ❑ a house for rent
   - ❑ a small hotel

Auberge Marmoutier

Un charmant hôtel dans un magnifique bâtiment au cœur du village de Villandry!

Salle à manger
20 chambres, toutes équipées d'une connexion Wi-Fi gratuite
Bar, terrasse
Salle de réunion
Réception ouverte 24h/24

1453 rue Bardot, Villandry
www.aubergemarmoutier.fr

2. This concert is going to be held . . .
   - ❑ in a subway station
   - ❑ in a school
   - ❑ in a concert hall
   - ❑ in a church

Sainte-Chapelle

4 boulevard du Palais
Paris 1er
Métro: Cité

Orchestre Les Solistes Français

Les 4 saisons de Vivaldi, adagio d'Albinoni, canon de Pachelbel.

01 42 77 56 56

Genre : Classique
Prochaines programmations :
Samedi 24 Mai: 20h30,
Dimanche 25 Mai: 19h00
Tarif : 30€.

Nom ______________________________

Classe ______________________ Date ______________

3. An attraction of this hotel is that it is located
   - ❑ downtown
   - ❑ near a beach
   - ❑ near an airport
   - ❑ near an amusement park

HÔTEL BEAU RIVAGE INTERLAKEN
Brasserie et Restaurant

Situé à 100m de la plage.
Chambres avec vue sur le lac.
Terrasse panoramique.

4. You would go to this place …
   - ❑ to buy CDs
   - ❑ to read books
   - ❑ to listen to music
   - ❑ to consult bus schedules

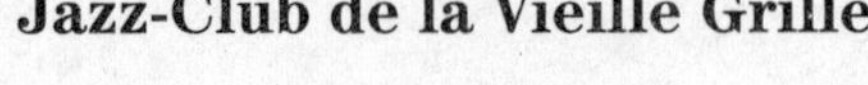

De Gershwin à Piazzola

5 rue du Puits-de-l'Ermite
Paris 5e

5. This map shows you how to get …
   - ❑ to the downtown area
   - ❑ to a large shopping mall
   - ❑ to a hockey rink
   - ❑ to a racetrack

CENTRE COMMERCIAL LA RIVE DROITE

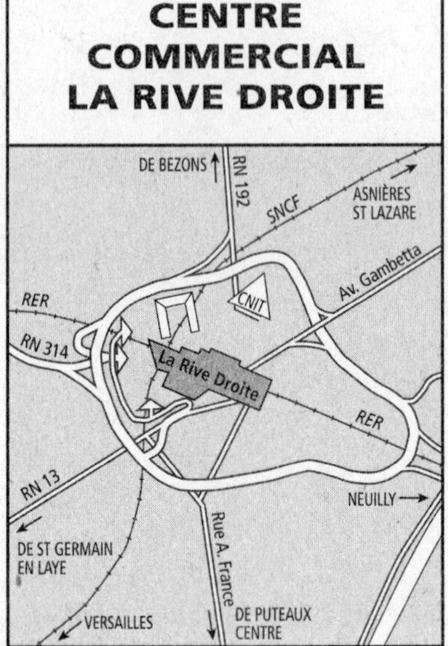

Hôtel de la Tour

saint germain

★★★ 10, rue Cassette - 75006 PARIS
Tél. 01 45 44 38 11 - Adresse télég. : Abotel
R.C. Paris B 712 062 744

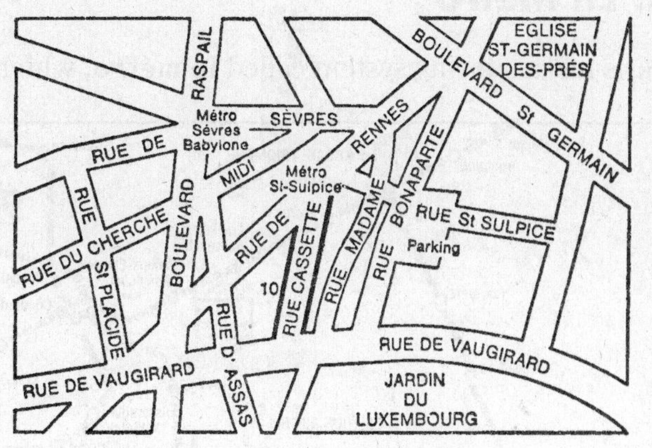

B. À l'hôtel de la Tour

1. You are visiting France with your family and are looking for a hotel.
   - What is the name of the hotel shown on the card? ____________________
   - In which city is it located? ____________________
   - On which street? ____________________
   - If you wanted to make a reservation, which number would you call?
2. You have just made your reservation.
   - Check the address of the hotel and find its location on the map. Mark the location with an "X."
   - You and your family are planning to rent a car while in France. On the map, find and circle the nearest parking garage.
   - Paris has a convenient subway system: **le métro.**

     How many subway stations are shown on the map? ____________________

     What is the name of the subway station closest to the hotel? ____________________
   - The map shows one of the oldest churches in Paris. (It was built in the 12th century.) Find this church and draw a circle around it.

     What is its name? ____________________

     On which street is it located? ____________________
   - The map also shows a large public garden where many people go jogging.

     What is the name of the garden? ____________________

     On which street is it located? ____________________

Nom ______________________________

Classe ____________________ Date ____________________

C. En Métro

Paris has a subway system called **le métro,** which makes it easy to get around the city.

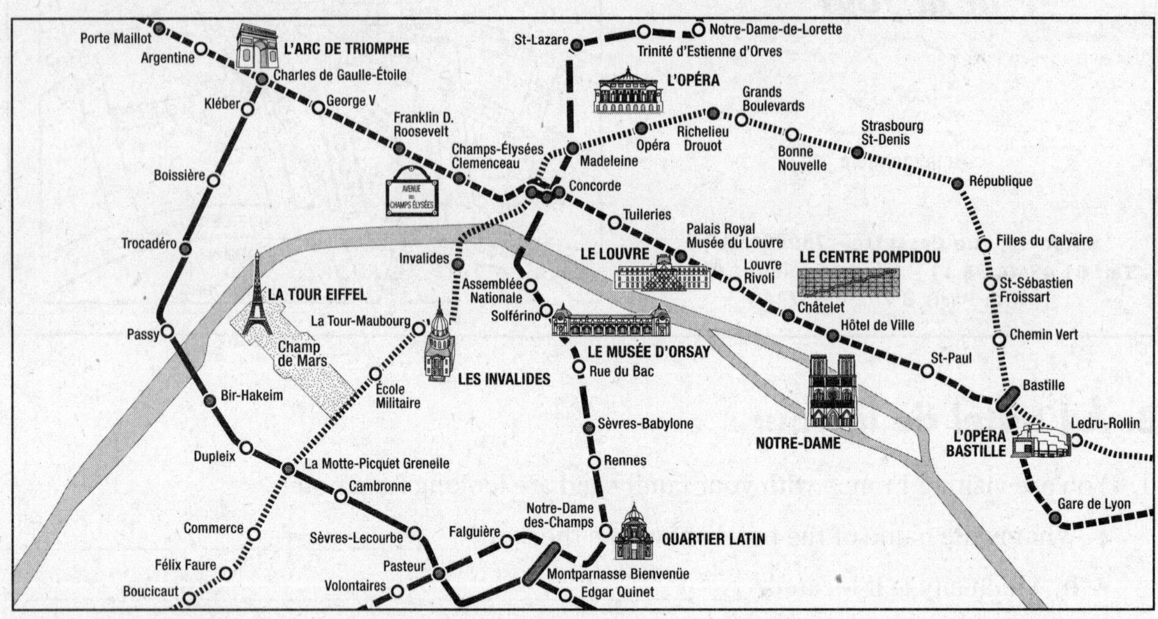

This map shows a few of the métro lines in the heart of Paris where many famous monuments and places of interest are located.

Look at the map and find at which stop you might get off to visit each of the following places.

La Tour Eiffel ______________________________

L'Opéra ______________________________

L'Arc de Triomphe ______________________________

Le Centre Pompidou ______________________________

Le Musée d'Orsay ______________________________

Les Invalides ______________________________

Le Louvre ______________________________

Nom ______________________________

Classe __________________ Date ______________

Discovering FRENCH Nouveau!

BLEU

Unité 6. Le shopping

LEÇON 17 Le français pratique: L'achat des vêtements

LISTENING ACTIVITIES

Section 1. Les vêtements et les accessoires

A. Écoutez et répétez.

B. Compréhension orale

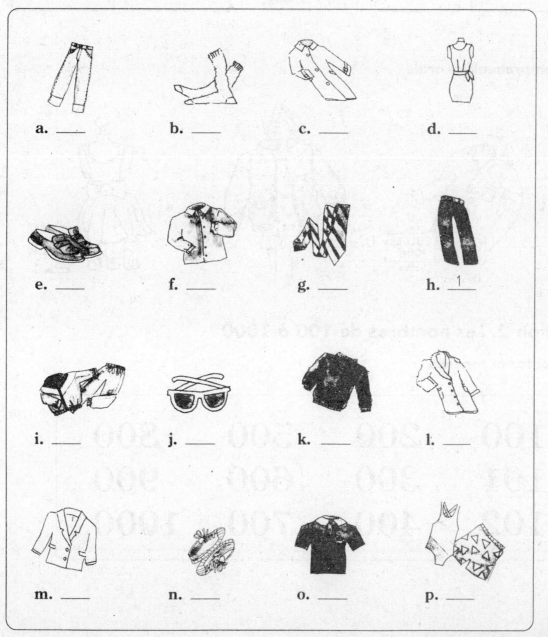

a. ___

b. ___

c. ___

d. ___

e. ___

f. ___

g. ___

h. 1

i. ___

j. ___

k. ___

l. ___

m. ___

n. ___

o. ___

p. ___

Nom ____

Classe ______________________ Date _______________

Discovering FRENCH Nouveau!

BLEU

C. Questions et réponses

▶ Vous désirez?
Je cherche un tee-shirt. ▶

1

2

3

4

5
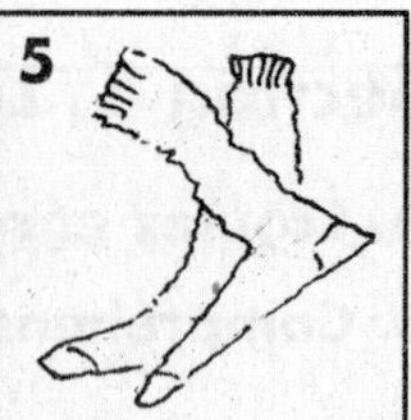

D. Compréhension orale

a. _____ b. _____ c. _____

Section 2. Les nombres de 100 à 1000

E. Écoutez et répétez.

100	200	500	800
101	300	600	900
102	400	700	1000

F. Questions et réponses

▶ —Combien coûte la veste?
—Elle coûte 100 euros.

▶ 

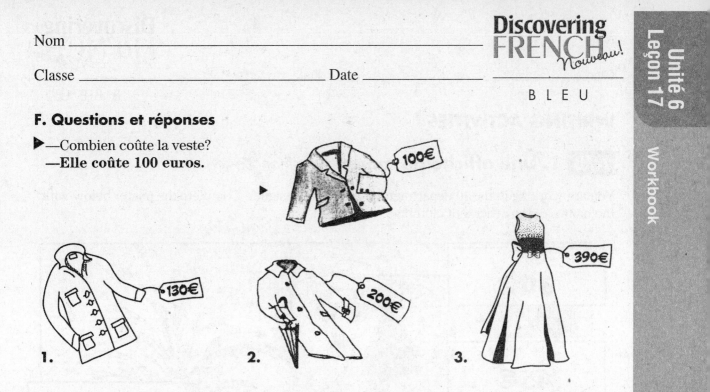

1. 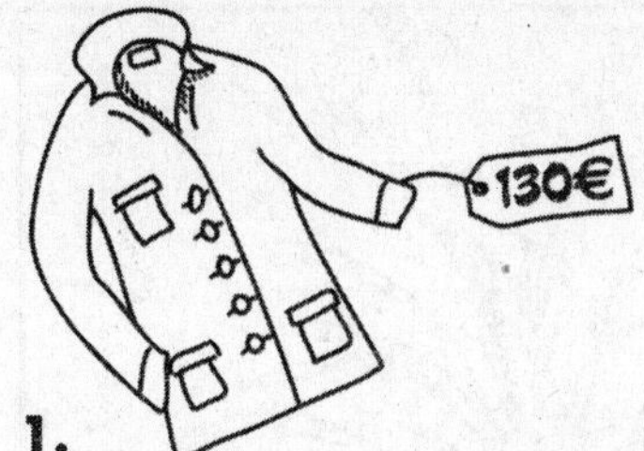

2. 

3. 

Section 3. Conversations

G. La réponse logique

1. a. J'ai une veste bleue.
   b. Je porte des bottes.
   c. Je cherche un imperméable.
2. a. Un blouson.
   b. Une boutique.
   c. Un grand magasin.
3. a. Un imper.
   b. Des bottes.
   c. Mon maillot de bain.
4. a. Il est trop grand.
   b. Il est démodé.
   c. 160 euros.
5. a. Oui, il est marron.
   b. Oui, il est très joli.
   c. Non, il est grand.
6. a. Non, elle est bon marché.
   b. Non, il est démodé.
   c. Non, il est trop petit.

Section 4. Dictée

H. Écoutez et écrivez.

—Qu'est-ce que tu penses du __________ rouge ?

—Il est __________.

—Combien est-ce qu'il __________?

—__________ euros.

—Oh là là ! Il n'est pas __________!

Nom ______________________________

Classe ______________________ Date ______________

Discovering FRENCH Nouveau!

BLEU

WRITING ACTIVITIES

A/B 1. Une affiche de mode *(A fashion poster)*

You are working in the ad department of a fashion designer. Complete the poster below with the names of the articles of clothing.

2. Qu'est-ce que vous portez?

Describe in detail what you are wearing. Give the colors of each item of clothing. Then select two other people (one male and one female) and describe their clothes in the same manner.

▶ Aujourd'hui, je porte une chemise verte et jaune, un pantalon noir, . . .

1. Aujourd'hui, je porte ______________________________

____

2. ____________ porte ______________________________

____

3. ____________ porte ______________________________

____

Nom ______________________________ Discovering FRENCH Nouveau!

Classe ______________________ Date ______________ BLEU

3. Les valises *(Suitcases)*

Imagine you are planning for four trips. Make a list of at least four items of clothing that you will pack in each of the following suitcases.

1. un week-end à la plage

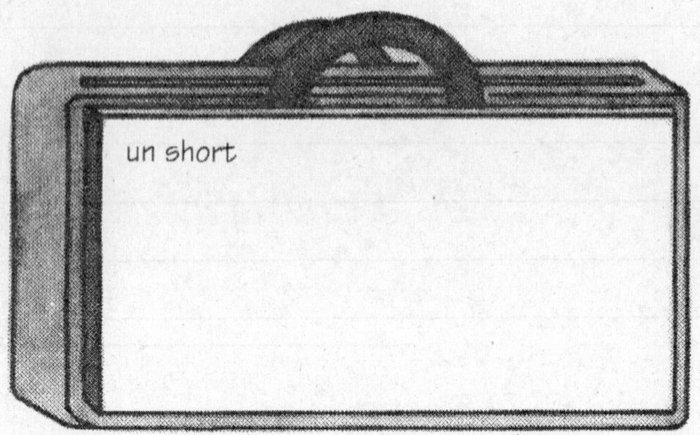

2. un week-end de ski

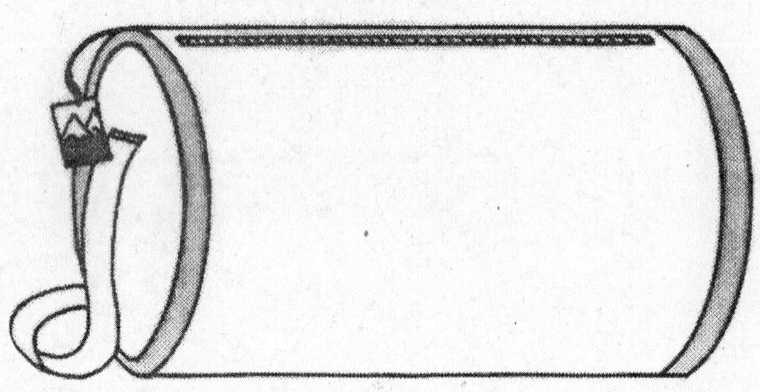

3. un mariage élégant

4. une semaine à Québec

4. Conversations : Dans un magasin

Complete the dialogues on the basis of the illustrations. Use expressions from page 262 of your student text.

1.

—Vous ______________________ monsieur ?

—Je ______________________.

2.

—Pardon, mademoiselle.

Combien ______________________?

—______________________euros.

3.

—S'il vous plaît, madame, ______________________

______________________?

—______________________.

4.

—Est-ce que le manteau est ______________________?

Oh là là, non. Il est très ______________________.

Il coûte ______________________euros.

5.

—Qu'est-ce que tu penses de ma ______________________?

—Elle est trop ______________________.

6.

—Comment ______________________

______________________?

—Il est trop ______________________.

LEÇON 18 Rien n'est parfait!

LISTENING ACTIVITIES

Section 1. Acheter et préférer

A. Écoutez et répétez.

J'achète une veste. #
Tu achètes une cravate. #
Il achète un imper. #
Nous achetons un jean. #
Vous achetez un chemisier. #
Elles achètent un pull. #

Je préfère la veste bleue. #
Tu préfères la cravate jaune. #
Il préfère l'imper gris. #
Nous préférons le jean noir. #
Vous préférez le chemisier blanc. #
Elles préfèrent le pull rouge. #

Section 2. Ce et quel

B. Écoutez et répétez.

le blouson

la veste

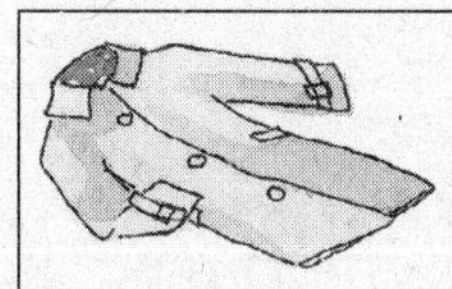
l'imper

les chaussures

les affiches

C. Écoutez et parlez.

Modèle: une casquette
Regarde cette casquette.

1. un pull
2. une guitare
3. des vestes
4. un vélo
5. des tee-shirts
6. des lunettes
7. un ordinateur
8. des appareils-photo

Nom ______________________________

Classe ____________________ Date ____________

Discovering FRENCH Nouveau!

BLEU

D. Écoutez et parlez.

Modèle: Je vais acheter une veste.
Quelle veste?

Section 3. Conversations

E. La réponse logique

1. a. Oui, il est génial.
   b. Oui, j'ai un tee-shirt.
   c. Oui, je porte une chemise.
2. a. Oui, c'est vrai.
   b. Un jean et un polo.
   c. J'ai une classe de français.
3. a. Ma guitare.
   b. Des CD.
   c. Mon copain Nicolas.
4. a. Des sandwichs.
   b. Ma cousine.
   c. Un survêtement.
5. a. Je n'étudie pas.
   b. Je voudrais aller à la piscine.
   c. Oui, je fais une promenade.

Section 4. Dictée

F. Écoutez et écrivez.

— __________ vêtements est-ce que tu vas __________ pour le pique-nique?

— __________ jean et __________ chemise bleue.

— Et __________ chaussures est-ce que tu vas porter?

— __________ tennis.

Nom ______________________________

Classe ____________________ Date ____________

Discovering FRENCH Nouveau!

BLEU

WRITING ACTIVITIES

A 1. Au centre commercial

Friends are shopping. Say what everyone is buying by completing the sentences with the appropriate forms of **acheter.**

1. Nous ____________________ des vêtements.
2. Claire ____________________ une ceinture.
3. Vous ____________________ une casquette.
4. Virginie et Christine ____________________ des CD.
5. Tu ____________________ une veste.
6. Marc ____________________ un survêtement.
7. J'____________________ un sweat.
8. Mes copains ____________________ des chaussures.

2. Une boum

Christine has invited her friends to a party. Some of them are bringing other friends. Others are bringing things for the party. Complete the sentences below with the appropriate forms of **amener** or **apporter.**

1. François ____________________des sandwichs.
2. Stéphanie ____________________un copain.
3. Nous ____________________des CD.
4. Vous ____________________vos cousins.
5. Tu ____________________ta guitare.
6. Nous ____________________des copines.
7. Vous ____________________un DVD.
8. Marc et Roger ____________________leur soeur.

Nom ___________________________

Classe ___________________ Date ___________________

B 3. Dans la rue

Olivier and Béatrice are walking in town. Olivier is pointing out various people and commenting on various things he sees. Complete his questions, as in the model.

▶ Tu connais ces filles?

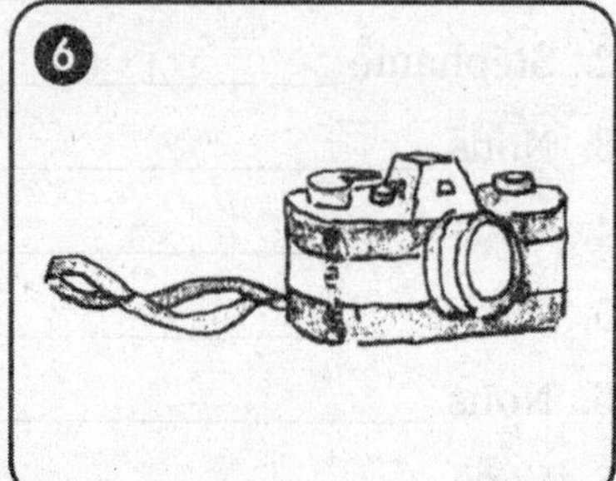

1. Qui sont ___________________?
2. Regarde ___________________!
3. Veux-tu aller dans ___________________?
4. Regarde ___________________!
5. Comment trouves-tu ___________________?
6. Combien coûte ___________________?

B/C 4. Conversations

Complete the following mini-dialogues.

▶ —Quelle ______ cravate préfères-tu?

—Je préfère cette cravate ______ jaune.

1. —______ imperméable vas-tu acheter?

   —Je vais acheter ______ beige.

2. —______ bottes vas-tu mettre?

   —Je vais mettre ______ noires.

3. —______ blousons préfères-tu?

   —Je préfère ______ bleus.

4. —______ veste vas-tu porter pour la boum?

   —______ verte.

D 5. Qu'est-ce qu'ils mettent?

Read what the following people are doing or are going to do. Then complete the second sentence with the verb **mettre** and one of the items in the box. Be logical!

la table	**la télé**	**un maillot de bain**
la radio	**un survêtement**	**des vêtements élégants**

1. Julien va nager. Il ______________________.
2. Vous allez dîner. Vous ______________________.
3. Nous allons écouter le concert. Nous ______________________.
4. Tu vas regarder le match de foot. Tu ______________________.
5. Je vais faire du jogging. Je ______________________.
6. Mes cousins vont à un mariage. Ils ______________________.

Nom ______________________

Classe ______________ Date ______________

6. Communication

Some French friends have invited you to a picnic.

Write a short paragraph saying . . .

- *what clothes you are going to wear to the picnic*
- *what items you are going to bring to the picnic*
- *whom you are going to bring along*

Nom ______________________________

Classe ____________________ Date ____________________

LEÇON 19 Un choix difficile

LISTENING ACTIVITIES

Section 1. Les verbes en -ir

A. Écoutez et répétez.

Je choisis une casquette.
Tu choisis un blouson.
Il choisit une chaîne hi-fi.
Nous choisissons des CD.
Vous choisissez des vêtements.
Ils choisissent une voiture.

Section 2. Les comparaisons

B. Répétez.

plus grand que — Pierre est plus grand que Marc.

moins grand que — Pierre est moins grand que Jacques.

aussi grand que — Pierre est aussi grand que Nicolas.

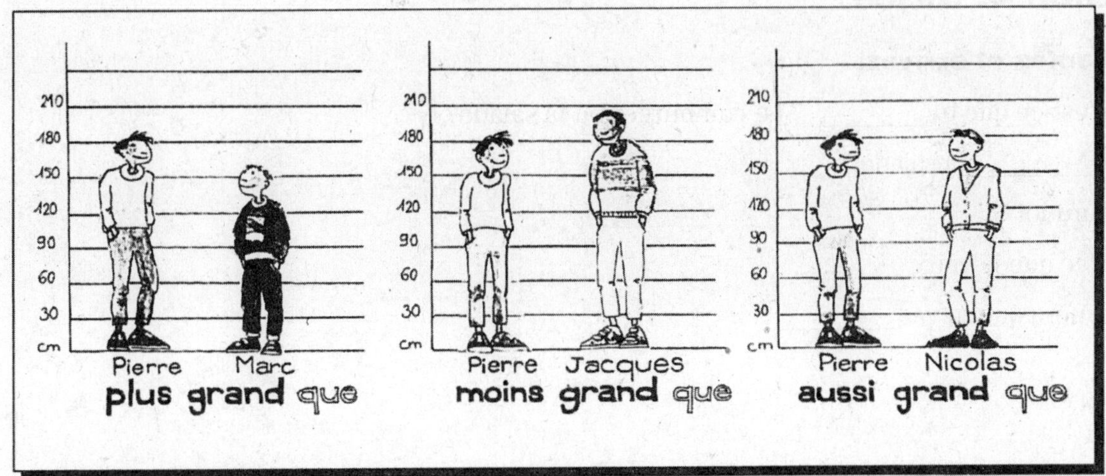

C. Compréhension orale

Modèle: Sophie [–] Mélanie
Sophie est moins grande que Mélanie.

1. la veste [ ] le blouson
2. les tennis [ ] les baskets
3. la casquette [ ] le chapeau
4. Isabelle [ ] Stéphanie
5. mon chien [ ] mon chat
6. mes copains [ ] que moi

Nom ______________________________

Classe ____________________ Date ____________________

Discovering FRENCH Nouveau!

BLEU

D. Questions et réponses

Modèle: [–]
Est-ce que la chemise est plus chère ou moins chère que le polo?
Elle est moins chère.

1. [+]
2. [=]
3. [–]
4. [+]
5. [=]
6. [–]

Section 3. Conversations

E. La réponse logique

1. a. Mardi.
   b. À dix heures.
   c. Elle ne finit pas.

2. a. Oui, elle est trop longue.
   b. Non, je préfère la veste jaune.
   c. Oui, je porte une veste bleue.

3. a. J'étudie le français.
   b. Je n'étudie pas.
   c. Je veux réussir à l'examen.

4. a. Je veux maigrir.
   b. Je veux grossir.
   c. Je mange une pizza.

Section 4. Dictée

F. Écoutez et écrivez.

—Qu'est-ce que tu ________? Le hamburger ou la salade?

—Je ________ la salade.

—Pourquoi?

—Parce que je veux ________.

—J'espère que tu vas ________.

Nom ________________________________

Classe ______________________ Date ______________

Discovering FRENCH Nouveau!

BLEU

WRITING ACTIVITIES

A 1. Au Bon Marché

The people below are shopping at Le Bon Marché. Say what each one is choosing, using the appropriate form of **choisir.**

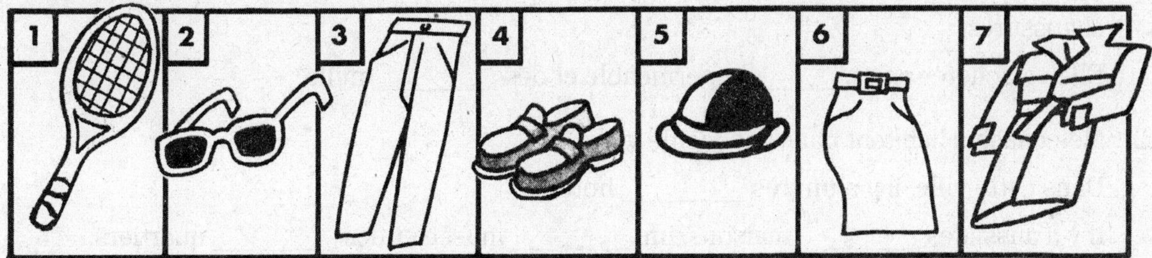

1. Tu ______________________.
2. Vous ______________________.
3. Je ______________________.
4. Nous ______________________.
5. M. Voisin ______________________.
6. Mme Lamy ______________________.
7. Isabelle et Marthe ______________________.

2. Oui ou non?

Read about the following people. Then describe a LOGICAL conclusion by completing the second sentence with the *affirmative* or *negative* form of the verb in parentheses.

▶ Alice fait beaucoup de jogging Elle ne grossit pas ______. (grossir?)

1. Nous étudions. ______________ à l'examen. (réussir?)
2. Vous êtes riches. ______________ des vêtements chers. (choisir?)
3. Marc regarde la télé. ______________ la leçon. (finir?)
4. Mes cousins mangent beaucoup. ______________. (maigrir?)
5. Vous faites beaucoup de sport. ______________. (grossir?)
6. Les élèves n'écoutent pas le prof. ______________ à l'examen. (réussir?)

Nom ______________________________

Classe ______________________ Date ______________

B 3. Descriptions

Roger is describing certain people and things. Complete each description with the appropriate forms of the underlined adjectives.

1. Isabelle a beaucoup de beaux vêtements.

   Aujourd'hui elle porte une ________ jupe, un ________ chemisier et des ________ chaussures.

   Elle va acheter un ________ imperméable et des ________ pulls.

2. Mes cousins habitent dans une vieille ville.

   Dans cette ville, il y a un très ________ hôtel.

   Il y a aussi des ________ maisons, un ________ musée et des ________ quartiers.

3. Cet été, je vais acheter une nouvelle veste.

   Je vais aussi acheter un ________ maillot de bain, des ________ pantalons et des ________ chemises.

   Si j'ai beaucoup d'argent *(money)*, je vais aussi acheter un ________ appareil-photo.

C 4. Fifi et Nestor

Look at the scene and complete the comparisons, using the adjectives in parentheses.

(grand)	▶ Fifi est moins grand que ______________	Nestor.
(sympathique)	1. Fifi ______________	Nestor.
(méchant)	2. Fifi ______________	Nestor.
(grande)	3. Mme Paquin ______________	Catherine.
(jeune)	4. Mme Paquin ______________	Catherine.

5. Opinions

Compare the following by using the suggested adjectives. Express your personal opinions.

▶ un imper / cher / un manteau
Un imper est moins (aussi, plus) cher qu'un manteau.

1. une chemise / chère / une veste

2. une moto / rapide / une voiture

3. un chat / intelligent / un chien

4. le Texas / grand / l'Alaska

5. la Californie / jolie / la Floride

6. les filles / sportives / les garçons

7. la cuisine italienne / bonne / la cuisine américaine

8. les Royals / bons / les Yankees

Nom ______________________________

Classe ______________ Date ______________

Discovering FRENCH Nouveau!

BLEU

6. Communication: En français !

Make four to six comparisons of your own involving familiar people, places, or things.

▶ Ma soeur est plus jeune que mon frère. Elle est aussi intelligente que lui.

▶ Notre maison est moins grande que la maison des voisins.

Nom ____

Classe ______________________ Date ______________________

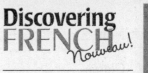

Discovering FRENCH Nouveau!

BLEU

LEÇON 20 Alice a un job

LISTENING ACTIVITIES

Section 1. Le pronom on

A. Compréhension orale

a. ____

b. ____

c. 1

d. ____

e. ____

f. ____

g. ____

B. Questions et réponses

Qu'est-ce qu'on vend ici?

On vend des ordinateurs.

1.

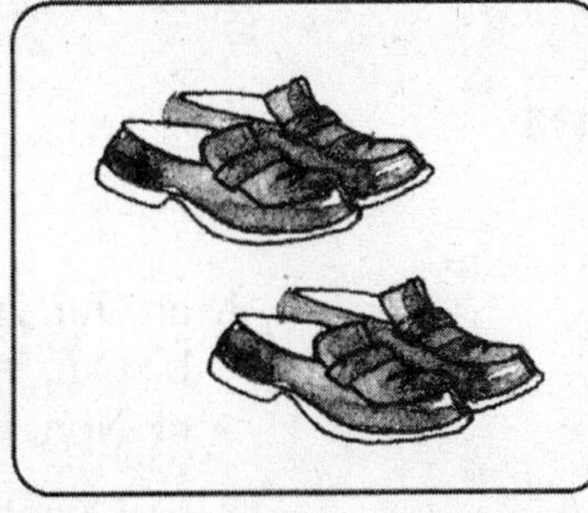

2.

3.

Nom ______________________ Discovering FRENCH Nouveau!

Classe ______________ Date ______________

BLEU

C. Questions et réponses

Modèle: —Vous parlez anglais?
—Bien sûr, on parle anglais.

Section 2. L'impératif

D. Compréhension orale

	Modèle	1	2	3	4	5	6	7	8
A: statement	✓								
B: suggestion									

E. Parlez.

Modèle: Tu dois écouter le professeur
Écoute le professeur.

Modèle: Nous aimons jouer au foot.
Jouons au foot.

Section 3. Conversations

F. La réponse logique

1. a. Un copain.
   b. Ma tante Victoire.
   c. Le musée Picasso.

2. a. À mon oncle.
   b. Notre Dame.
   c. La France.

3. a. Oui, je suis riche.
   b. Oui, j'ai 20 euros.
   c. Oui, prête-moi 10 euros, s'il te plaît.

4. a. Oui, j'ai faim.
   b. Oui, je mange une pizza.
   c. Non, je suis au restaurant.

5. a. L'école.
   b. Ma montre.
   c. Le bus.

6. a. J'ai besoin d'argent.
   b. Je vais faire une promenade.
   c. Je vais en ville.

Section 4. Dictée

G. Écoutez et écrivez.

You will hear a short dialogue spoken twice. First listen carefully to what the people are saying. The second time you hear the dialogue, fill in the missing words.

Écoutez.

—Qu'est-ce qu' ____________ fait?

—J'ai ____________ d'aller au cinéma, mais je n'ai pas d' ____________.

—De ____________ est-ce que tu as ____________ ?

—De dix euros.

—Tiens, voilà dix euros.

Nom ______________________________

Classe ______________________ Date ______________

Discovering FRENCH Nouveau!
BLEU

WRITING ACTIVITIES

A 1. Où?

Say where one usually does the activities suggested in parentheses. Choose one of the places from the box. Be logical!

• au Mexique
• en France
• au stade
• à la piscine
• à l'école
• au restaurant
• dans les grands magasins

▶ (étudier) On étudie à l'école.

1. (nager) ______________________
2. (dîner) ______________________
3. (jouer au foot) ______________________
4. (acheter des vêtements) ______________________
5. (parler français) ______________________
6. (parler espagnol) ______________________

B 2. Jobs d'été

The following students have jobs as salespeople this summer. Say what each one is selling.

▶ Caroline vend des maillots de bain.

1. Nous ______________________.
2. Vous ______________________.
3. Éric et Pierre ______________________.
4. Tu ______________________.
5. Je ______________________.
6. Corinne ______________________.

3. Pourquoi?

Explain why people do certain things by completing the sentences with the appropriate form of the verbs in the box. Be logical!

• **attendre**	• **répondre**
• **entendre**	• **vendre**
• **perdre**	• **rendre**

1. Olivier ________________ son vélo parce qu'il a besoin d'argent.
2. Nous ________________ le match parce que nous ne jouons pas bien.
3. Vous ________________ correctement aux questions du prof parce que vous êtes de bons élèves.
4. Tu n'________________ pas parce que tu n'écoutes pas.
5. Je ________________ souvent visite à mes voisins parce qu'ils sont sympathiques.
6. Martine et Julie ________________ leurs copains parce qu'elles ont un rendez-vous avec eux.

C 4. Oui ou non?

Tell a French friend to do or not to do the following things according to the situation. Be logical.

▶ (téléphoner) Ne téléphone pas à Sophie. Elle n'est pas chez elle.

▶ (inviter) Invite Jean-Paul. Il est très sympathique.

1. (acheter) ________________ cette veste. Elle est trop longue.
2. (choisir) ________________ ce tee-shirt. Il est joli et bon marché.
3. (attendre) ________________ tes copains. Ils vont venir dans cinq minutes.
4. (mettre) ________________ ce pantalon. Il est moche et démodé.
5. (aller) ________________ au cinéma. Il y a un très bon film.
6. (venir) ________________ chez moi. J'organise une boum.
7. (apporter) ________________ tes CD. Nous allons danser.
8. (manger) ________________ la pizza. Tu vas grossir.

Nom ____________________

Classe ____________________ Date ____________________

5. Au choix *(Your choice)*

Your friends have asked your advice. Tell them what to do, choosing one of the suggested options. If you wish, you may explain your choice.

▶ aller au théâtre ou au cinéma?

Allez au cinéma. C'est plus amusant (moins cher)!

(Allez au théâtre. C'est plus intéressant!)

1. regarder le film ou le match de baseball?

____

2. dîner à la maison ou au restaurant?

____

3. organiser une boum ou un pique-nique?

____

4. étudier le français ou l'espagnol?

____

6. Suggestions

It is Saturday. You and your friends are wondering what to do. Suggest that you do the following things together.

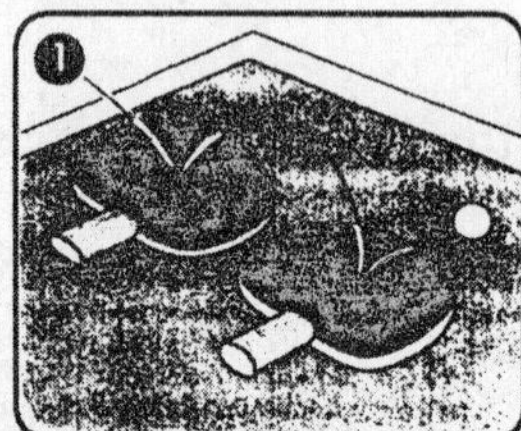

▶ Jouons au basket.

1. ____________________ 4. ____________________

2. ____________________ 5. ____________________

3. ____________________ 6. ____________________

7. Communication

Describe three things that you would like to do or buy, and say how much money you need to do so.

▶ *J'ai envie d'acheter un lecteur MP3.*
J'ai besoin de cinquante dollars.

1. ______________________________

2. ______________________________

3. ______________________________

Nom ______________________________________

Classe ____________________ Date ____________

Discovering FRENCH Nouveau!

BLEU

UNITÉ 6 Reading and Culture Activities

A. Six boutiques

1.

Tudor
Prix
spéciaux
Février
COSTUME pure laine 170€
VESTE pure laine 145€
BLAZER pure laine 130€
PULLOVER laine d'agneau 55€

2.

Chemises hommes
Eton
En vente chez CADRE
Toutes tailles
Toutes longueurs
14, place St Jérôme

3.

LUNETTES
CHIC OPTIQUE
EN VENTE À *LA BELLE VUE*

4.

les cravates
MARC DUPRÉ
En vente à
COUTURE HOMME
125 bd Rocheux

5.

CHAMPIONS
Chaussures pour
Ville – Sport – Montagne
Toutes les grandes marques
55, rue de la Piste

6.

La Vie
Sportive
- maillots de bain
- danse
- jogging
- ski

hommes - femmes - enfants
102, bd Saint-Denis

- These six Paris shops are each advertising different things.
- Note that the ads have been numbered 1, 2, 3, 4, 5, and 6.
- Indicate where one would go to buy the following items by circling the number of the corresponding shop.

	BOUTIQUES					
a dress shirt	1	2	3	4	5	6
a jacket	1	2	3	4	5	6
a swimsuit	1	2	3	4	5	6
an elegant tie	1	2	3	4	5	6
a man's suit	1	2	3	4	5	6
a pair of new glasses	1	2	3	4	5	6
a ballet leotard	1	2	3	4	5	6
a pair of walking shoes	1	2	3	4	5	6

Nom ______________________________

Classe ____________________ Date ______________

B. Les soldes

COLLECTION AUTOMNE - HIVER

Réductions de 25% à 50%

femme	homme	sportswear
Pulls à 30€	Chemises à 25€	Jeans à 30€
Pantalons à 35€	Pulls à 35€	Sweat-shirts à 20€
Ensembles à 45€	Pantalons lainages à 35€	Chemises à 30€

456, rue de la Colline
ouvert de 9h30 à 20h

1. As you were walking down the Boulevard Saint-Michel in Paris, you were handed this flyer announcing a special sale. Read it carefully and answer the following questions.
   - Comment s'appelle la boutique? ______________________________
   - Quelle est l'adresse de la boutique? ______________________________
   - À quelle heure est-ce que la boutique ouvre (open)? ______________________________
   - Combien coûtent les jeans? ______________________________

     Est-ce qu'ils sont chers ou bon marché? ______________________________

2. You have decided to go shop at the Pyramide. Imagine you have saved 100 euros to buy clothes. Make a list of what you are planning to buy and add up the total cost of your intended purchases.

Article	Prix
Prix total:	

3. You have tried on the items and they all fit well. You will buy all the things on your list. Write out a check for the total amount.

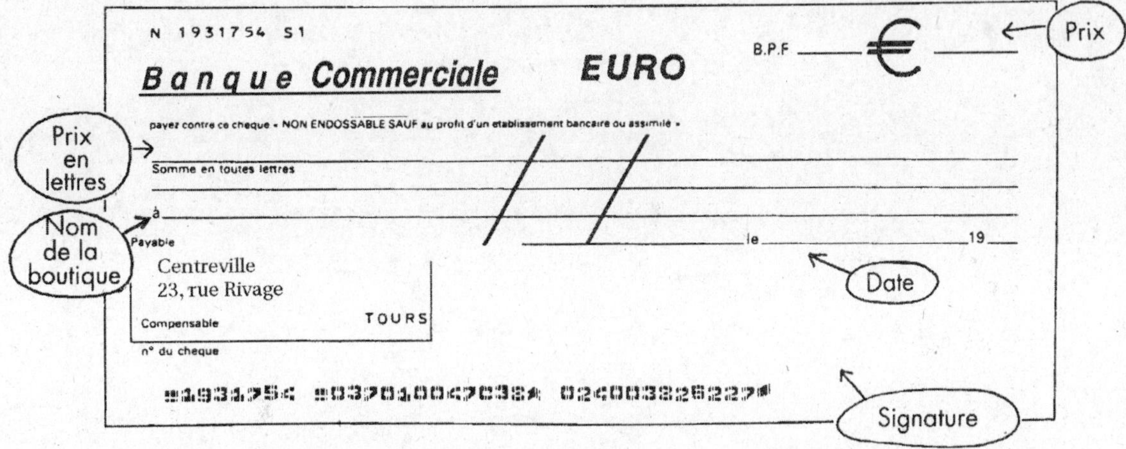

Nom ______________________________ Discovering FRENCH Nouveau!

Classe ______________ Date ______________

BLEU

Unite 7. Le temps libre

LEÇON 21 Le français pratique: Le week-end et les vacances

LISTENING ACTIVITIES

Section 1. Que faites-vous le week-end?

A. Compréhension orale

	Modèle	1	2	3	4	5	6	7	8
A:									
B:	✓								

B. Questions et réponses

—Est-ce que tu vas ranger ta chambre samedi?
—Oui, je vais ranger ma chambre.
(Non, je ne vais pas ranger ma chambre.)

Nom ______________________________

Classe ____________________ Date ____________________

Discovering FRENCH Nouveau!

BLEU

Section 2. Les vacances

C. Compréhension orale

	Modèle	1	2	3	4	5	6	7	8
A:									
B:	✓								

D. Questions et réponses

Modèle: Que fait Thomas?
Il fait du vélo.

Section 3. Conversations

E. La réponse logique

1. a. au café
   b. au cinéma
   c. au centre commercial

2. a. J'organise une boum ce week-end.
   b. Je répare mon vélo.
   c. Je vends mes CD.

3. a. Je vais à la campagne.
   b. Je dois aider mes parents.
   c. Je vais faire un pique-nique.

4. a. Oui, j'aime nager.
   b. Oui, je fais du skate.
   c. Non, je n'ai pas faim.

5. a. mes devoirs
   b. de l'escalade
   c. des achats

6. a. du skate
   b. de la planche à voile
   c. du VTT

Nom ______________________________

Classe ____________________ Date ____________

Discovering FRENCH Nouveau!

BLEU

Section 4. Dictée

F. Écoutez et écrivez.

—Qu'est-ce que tu vas faire le week-end prochain?

—Je vais faire des __________ au __________ commercial avec ma cousine.

—Et __________?

—Nous allons __________ un film.

Nom ______________________________

Classe ______________________ Date ______________

Discovering FRENCH *Nouveau!*

BLEU

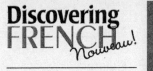

WRITING ACTIVITIES

A/B 1. L'intrus *(The intruder)*

Each of the following sentences can be logically completed by three of the four suggested options. The option that does not fit is the intruder. Cross it out.

1. Je ne peux pas aller au cinéma avec toi. Je dois nettoyer . . .
   - ma chambre • la cuisine • les devoirs • le garage
2. Ce soir, je vais . . . mes copains.
   - inviter • téléphoner à • rencontrer • laver
3. Philippe est à la maison. Il . . . ses parents.
   - assiste à • parle avec • aide • prépare le dîner pour
4. Madame Halimi est dans le garage. Elle . . . sa voiture.
   - lave • répare • nettoie • rencontre
5. Frédéric est à la bibliothèque. Il . . .
   - étudie • choisit un livre • fait des achats • fait ses devoirs
6. Alice n'est pas chez elle. Elle assiste à . . .
   - une boutique • un concert • un récital • un match de foot
7. Nous allons à la campagne pour faire . . .
   - un pique-nique • les devoirs • une promenade à pied • une promenade à vélo
8. Marc va en ville. Il va . . .
   - faire de la voile • rencontrer des copains • voir un film • acheter des vêtements
9. On peut aller de Dallas à San Francisco . . .
   - en autocar • en voiture • en bateau • en avion
10. À la mer, on peut faire . . .
    - de l'escalade • de la voile • du ski nautique • de la planche à voile
11. À la montagne, on peut faire . . .
    - du ski • du ski nautique • de l'escalade • des promenades à pied
12. Cet été, je vais . . . un mois en France.
    - rester • passer • dépenser • voyager

Nom ______________________________

Classe ______________ Date ______________

Discovering FRENCH Nouveau!

BLEU

2. Les loisirs *(Leisure-time activities)*

What do you think the following people are going to do during their leisure time? Complete the sentences logically.

▶ Béatrice va au centre commercial. Elle va faire des achats (acheter une robe . . .).

1. Philippe va au café. ______________
2. Valérie va au stade. ______________
3. Thomas et Christine vont au cinéma. ______________
4. Martin rentre chez lui. ______________
5. Cet été, Catherine va à la mer. ______________
6. Ce week-end, Isabelle va à la campagne. ______________
7. Pendant les vacances d'hiver, Jean-François va dans le Colorado. ______________
____
8. Pendant les grandes vacances, Daniel va à la montagne. ______________
____

3. Communication

In her last letter, your French pen pal Christine asked you several questions. Answer them.

- En général, qu'est-ce que tu fais le week-end? ______________
- Qu'est-ce que tu fais quand tu es chez toi le samedi? ______________
- Qu'est-ce que tu vas faire le week-end prochain? ______________
- Où est-ce que tu vas aller pendant les grandes vacances? ______________

  Combien de temps est-ce que tu vas passer là-bas? ______________

  Comment vas-tu voyager? ______________

  Qu'est-ce que tu vas faire? ______________

LEÇON 22 Vive le week-end!

LISTENING ACTIVITIES

Section 1. Le passé composé

A. Écoutez et répétez.

J'ai travaillé. — Je n'ai pas travaillé.
Tu as étudié. — Tu n'as pas étudié.
Il a joué au foot. — Il n'a pas joué au foot.
Elle a regardé la télé. — Elle n'a pas regardé la télé.
Nous avons nagé. — Nous n'avons pas nagé.
Vous avez mangé. — Vous n'avez pas mangé.
Ils ont visité Québec. — Ils n'ont pas visité Québec.
Elles ont parlé français. — Elles n'ont pas parlé français.

B. Compréhension orale

	Modèle	1	2	3	4	5	6	7	8	9	10
A: aujourd'hui (présent)											
B: ce week-end (passé composé)	✔										

C. Compréhension orale

		Jean-Claude	**Nathalie**
1	Qui a passé l'après-midi dans les magasins?		
2	Qui a étudié tout l'après-midi?		
3	Qui a regardé les vêtements?		
4	Qui a acheté un CD?		
5	Qui a mangé un sandwich dans un café?		
6	Qui a étudié après le dîner?		
7	Qui a téléphoné à une copine?		
8	Qui a regardé un film à la télé?		

Nom ______________________________

Classe ______________________ Date ______________

D. Questions et réponses

▶ —Est-ce que tu as joué au tennis?
—Oui, j'ai joué au tennis. (Non, je n'ai pas joué au tennis.)

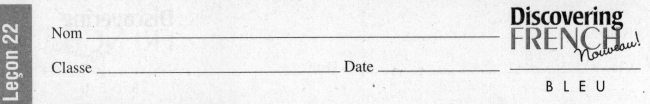

E. Écoutez et parlez.

Modèle: [Stéphanie] **Elle a joué au foot.**

1.

2.

3.

4.

5.

6.

7.

Nom ____

Classe ____________________________ Date ______________

Discovering FRENCH Nouveau!

BLEU

Section 2. Dictée

F. Écoutez et écrivez.

—Tu __________ chez toi hier?

—Non, je __________ chez moi.

J'__________ dans un restaurant italien avec ma copine.

—Qu'est-ce que vous __________?

—Nous __________ des pizzas.

Nom ______________________________

Classe ______________________ Date ______________

Discovering FRENCH Nouveau!

BLEU

WRITING ACTIVITIES

A 1. Pourquoi?

Read what the following people are doing and then explain why, using **avoir** and one of the expressions in the box.

faim
soif
chaud
froid

▶ Alice mange une pizza. Elle a faim.

1. Je mets mon pull. ______________
2. Nous allons à la cafétéria. ______________
3. Tu ouvres *(open)* la fenêtre. ______________
4. Vous achetez des sodas. ______________
5. Robert fait un sandwich. ______________
6. Alice et Juliette vont au café. ______________

B 2. Vive la différence!

People like to do similar things, but they do them differently. Explain this by completing the sentences below with the appropriate **passé composé** forms of the verbs in parentheses.

1. (visiter)

   À Paris, tu ______________ Notre-Dame. Nous ______________ le musée d'Orsay. Ces touristes ______________ le Centre Pompidou.

2. (manger)

   Au restaurant, j' ______________ des spaghetti. Tu ______________ une pizza. Mes cousins ______________ un steak-frites.

3. (travailler)

   L'été dernier, vous ______________ dans un restaurant. J' ______________ dans un hôpital. Alain et Jérôme ______________ dans une station-service.

4. (acheter)

   Au centre commercial, Marie-Christine ______________ une veste. Tu ______________ une casquette. Nous ______________ des lunettes de soleil.

Nom ______________________________________

Classe ____________________ Date ____________________

Discovering FRENCH *Nouveau!*

B L E U

3. Qu'est-ce qu'ils ont fait?

Last Saturday different people did different things. Explain what each one did by completing the sentences with the appropriate **passé composé** forms of the verbs in the box. Be logical.

acheter
assister
ranger
laver
nettoyer
rencontrer
travailler
visiter

1. Ma cousine ____________________ sa chambre.
2. Nous ____________________ à un match de foot.
3. Les touristes ____________________ le musée d'Art Moderne.
4. Pierre et Sébastien ____________________ leur voiture.
5. J' ____________________ mes copains au café.
6. Tu ____________________ ta chambre.
7. Vous ____________________ dans le jardin.
8. Catherine ____________________ des vêtements au centre commercial.

B/C 4. Et toi?

Say whether or not you did the following things last weekend.

1. ____
____

2. ____
____

3. ____
____

4. ____
____

5. ____
____

6. ____
____

Nom ______________________________

Classe ______________________ Date ______________

Discovering FRENCH Nouveau!

BLEU

C 5. On ne peut pas tout faire. *(One cannot do everything.)*

Say that the people below did the first thing in parentheses but not the second one.

▶ (regarder / étudier)

Hier soir, Jean-Marc a regardé la télé.

Il n'a pas étudié.

1. (travailler / voyager)

   L'été dernier, nous ______________.

   Nous ______________.

2. (rencontrer / assister)

   Samedi, tu ______________ tes copains en ville.

   Tu ______________ au match de foot.

3. (nager / jouer)

   À la plage, vous ______________.

   Vous ______________ au volley.

4. (laver / ranger)

   J' ______________ la voiture de ma mère.

   Je ______________ ma chambre.

Nom ______________________________

Classe ______________ Date ______________

Discovering FRENCH Nouveau!
BLEU

D 6. Conversations

Complete each of the following mini-dialogues by writing in the question that was asked.

▶ (où / vous) —Où est-ce que vous avez dîné samedi soir?
—Nous avons dîné dans un restaurant vietnamien.

1. (à qui / tu) —______________________
—J'ai téléphoné à ma cousine.

2. (avec qui / Marc) —______________________ à la boum?
—Il a dansé avec Caroline.

3. (quand / vous) —______________________
—Nous avons visité Paris l'été dernier.

4. (où / Alice) —______________________
—Elle a rencontré Jean-Claude au Café de l'Univers.

7. Communication: Journal personnel
(Personal diary)

Write a short paragraph in the **passé composé** saying what you did or did not do last weekend. You way want to use the expressions in the box as a guide.

étudier?	**travailler?**	**jouer: à quel sport?**	**téléphoner: à qui?**
inviter: qui?	**dîner: où?**	**regarder: quels programmes?**	**rencontrer: qui?**

____
____
____
____
____
____
____
____

Nom ________________________________

Classe ______________________ Date ______________

Discovering FRENCH Nouveau!

BLEU

LEÇON 23 L'alibi

LISTENING ACTIVITIES

Section 1. Le passé composé

A. Écoutez et répétez.

choisir	→ j'ai choisi	être	→ j'ai été
finir	→ j'ai fini	avoir	→ j'ai eu
		faire	→ j'ai fait
vendre	→ j'ai vendu	mettre	→ j'ai mis
attendre	→ j'ai attendu	voir	→ j'ai vu

B. Compréhension orale

a. ____

b. ____

c. ____

d. ____

e. 1

f. ____

g. ____

Nom ____

Classe ______________________ Date ______________________

C. Questions et réponses

▶—Est-ce qu'ils ont perdu ou est-ce qu'ils ont gagné le match?
—Ils ont gagné le match.

D. Compréhension orale

1. Hier Philippe a eu de la chance. vrai faux
2. Philippe n'a pas fait ses devoirs. vrai faux
3. Philippe a perdu son sac de classe dans l'autobus. vrai faux
4. Philippe a fait un match de tennis. vrai faux
5. Philippe a gagné son match. vrai faux
6. Philippe a fait une promenade à vélo. vrai faux
7. Philippe a eu un accident de vélo. vrai faux
8. Ce soir, Philippe va aller au concert. vrai faux

Nom ______________________________

Classe ______________________ Date ______________________

Discovering FRENCH Nouveau!

BLEU

E. Questions et réponses

Modèle: Tu as acheté des CD?
—Oui, j'ai acheté des CD.
(—Non, je n'ai pas acheté de CD.)

1. ______________________________
2. ______________________________
3. ______________________________
4. ______________________________
5. ______________________________
6. ______________________________
7. ______________________________
8. ______________________________
9. ______________________________

Section 2. Dictée

F. Écoutez et écrivez.

—Qu'est-ce que tu __________ le week-end dernier?

—J' ____________ à mes cousins.

—Qu'est-ce que vous __________?

—On __________ au basket et après on __________ un film à la télé.

WRITING ACTIVITIES

A 1. Panorama

A group of friends in Normandy has gone on a bicycle ride along the cliffs. They have stopped at a turnout to rest and look at the view. Say what each one sees, using the appropriate forms of **voir.**

1. Alice ____________ un petit village.
2. Nous ____________ des bateaux.
3. Julien et Martin ____________ la mer.
4. Tu ____________une belle maison.
5. Je ____________ un car de touristes.
6. Vous ____________ des campeurs.

B 2. Oui ou non?

Read about the following people and say what they did or did not do, using the **passé composé** of the verbs in parentheses, in the affirmative or negative form.

▶ Nous avons bien joué. Nous n'avons pas perdu le match. (perdre)

1. Marc n'est pas patient. Il ____________ ses amis. (attendre)
2. Les élèves ont étudié. Ils ____________ à l'examen. (réussir)
3. J'ai regardé la télé. Je ____________ mes devoirs. (finir)
4. Éric n'écoute pas. Il ____________ la question. (entendre)
5. Anne n'a pas bien joué. Elle ____________ le match. (perdre)
6. Vous êtes végétariens. Vous ____________ le steak-frites. (choisir)
7. Nous faisons beaucoup d'exercices. Nous ____________. (maigrir)
8. Philippe est un bon élève. Il ____________ à la question du prof. (répondre)

C 3. Et toi?

Say whether or not you did the following things yesterday evening.

▶ faire les devoirs? J'ai fait les devoirs. (Je n'ai pas fait les devoirs.)

1. mettre la table? ____________
2. voir un film à la télé? ____________
3. faire une promenade en ville? ____________
4. être au cinéma? ____________
5. avoir un rendez-vous? ____________

Nom ______________________________

Classe ______________ Date ______________

Discovering FRENCH Nouveau!

BLEU

B/C 4. Pauvre Jérôme

Jérôme is not lucky. Describe what happened to him, by completing the following statements with the passé composé of the verbs in parentheses.

1. (vendre) Jérôme ______________ sa moto.
2. (acheter) Il ______________ une voiture.
3. (faire) Il ______________ une promenade à la campagne.
4. (ne pas mettre) Il ______________ sa ceinture de sécurité *(seatbelt)*.
5. (ne pas voir) Il ______________ l'arbre *(tree)*.
6. (avoir) Il ______________ un accident.
7. (être) Il ______________ à l'hôpital.
8. (passer) Il ______________ trois jours là-bas.
9. (vendre) Finalement, il ______________ sa nouvelle voiture.

5. Communication

On a separate sheet of paper, describe several things that you did in the past month or so. You may use the following questions as a guide.

- As-tu vu un bon film? (Quel film? Où? Quand?)
- As-tu vu un match intéressant? (Quel match? Où? Avec qui?)
- As-tu eu un rendez-vous? (Avec qui? Où?)
- As-tu fait un voyage? (Où? Quand?)
- As-tu fait une promenade en voiture? (Où? Quand?)

LEÇON 24 Qui a de la chance?

LISTENING ACTIVITIES

Section 1. Le passé composé avec être

A. Écoutez et répétez.

Je suis allé au cinéma.

Tu es allé en ville.

Il est allé au café.

Elle est allée à l'église.

Nous sommes allés en France.

Vous êtes allés à Paris.

Ils sont allés au centre commercial.

Elles sont allées à la piscine.

B. Écoutez et parlez.

arriver → Je suis arrivé à dix heures.

rentrer → Je suis rentré chez moi.

rester → Je suis resté dans ma chambre.

venir → Je suis venu avec mon cousin.

Nom ____

Classe ______________________ Date ______________________

C. Compréhension orale

a. ____ b. ____ c. ____ d. ____ e. ____

f. ____ g. ____ h. __1__ i. ____ j. ____

D. Questions et réponses

▶ —Où est-ce qu'ils sont allés hier? au club de gymnastique ou au restaurant?
—**Ils sont allés au restaurant.**

Nom ____

Classe ______________________ Date ______________

E. Compréhension orale

1. Véronique a passé un bon week-end.	vrai	faux
2. Véronique est allée dans les magasins.	vrai	faux
3. Véronique est allée au théâtre.	vrai	faux
4. Véronique a rencontré son cousin Simon.	vrai	faux
5. Véronique est rentrée chez elle à minuit.	vrai	faux
6. Alice est restée chez elle.	vrai	faux
7. Alice est restée seule (*by herself*).	vrai	faux
8. Christophe est venu chez Alice.	vrai	faux

F. Écoutez et parlez.

Modèle: Émilie a acheté des vêtements.
Elle est allée dans une boutique.

au restaurant **à Paris**
au cinéma
à la plage **dans une boutique**
à la piscine **à la montagne**

Section 2. Dictée

G. Écoutez et écrivez.

—Tu ______________ chez toi samedi?

—Non, je ______________ en ville avec un copain.

—Qu'est-ce que vous ______________?

—Nous ______________ des achats et après nous ______________ dans une pizzeria.

WRITING ACTIVITIES

A 1. Où es-tu allé(e)?

Say whether or not you went to the following places in the past ten days. Use complete sentences.

1. au cinéma? ______________________________
2. à la bibliothèque? ______________________________
3. chez un copain ou une copine? ______________________________
4. dans un restaurant mexicain? ______________________________

2. Où sont-ils allés?

Read what the following people did last week and then say where they went, choosing a place from the box. Be logical.

à une boum	**à la campagne**	**au cinéma**
dans un restaurant italien	**à la mer**	**dans un magasin**

1. Pauline a vu un film. ______________________________
2. Alain et Thomas ont fait de la voile. ______________________________
3. Marc a acheté une veste. ______________________________
4. Stéphanie a dansé. ______________________________
5. Mes cousins ont fait une promenade à pied. ______________________________
6. Mélanie et sa soeur ont mangé une pizza. ______________________________

Nom ______________________________

Classe ______________ Date ______________

3. Voyages

The following people spent a month in France. Describe the things they did during their trip by using the **passé composé** of the verbs in parentheses. Be careful! Some of the verbs are conjugated with **être** and others with **avoir.**

1. Nicolas (arriver / visiter / aller)

   Il ______________ en France le 2 juillet.

   Il ______________ Paris.

   Après, il ______________ à Bordeaux.

2. Juliette (aller / rester / faire)

   Elle ______________ à Annecy en juin.

   Elle ______________ quatre semaines là-bas.

   Elle ______________ des promenades à la montagne.

3. Philippe et Thomas (aller / rendre visite / rentrer)

   Ils ______________ à Nice.

   Ils ______________ à leurs cousins.

   Ils ______________ chez eux le 15 août.

4. Hélène et Béatrice (venir / rencontrer / voyager)

   Elles ______________ en France en juillet.

   Elles ______________ des copains.

   Elles ______________ avec eux.

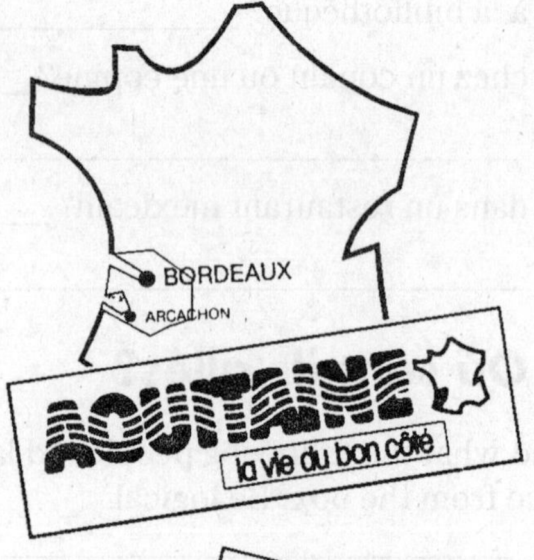

B 4. Vive les vacances!

Say that the people below never do the things mentioned in parentheses during their vacations.

▶ (travailler) Monsieur Martin ne travaille jamais pendant les vacances.

1. (travailler) Mes amis ______________________.
2. (téléphoner à ses clients) Le docteur Thibault ______________________ ______________________.
3. (aller à la bibliothèque) Nous ______________________.
4. (étudier) Les élèves ______________________.
5. (faire les devoirs) Vous ______________________.

C 5. Tant pis! *(Too bad!)*

Answer the following questions in the negative.

1. Philippe n'a pas faim. Est-ce qu'il mange quelque chose?
   Non, il ______________________.
2. Julien n'est pas très généreux. Est-ce qu'il invite quelqu'un au restaurant?
   Non, il ______________________.
3. Christine est fatiguée *(tired)*. Est-ce qu'elle fait quelque chose?
   Non, elle ______________________.
4. Olivier est fauché *(broke)*. Est-ce qu'il achète quelque chose?
   Non, il ______________________.
5. Alice est très entêtée *(stubborn)*. Est-ce qu'elle écoute quelqu'un?
   Non, elle ______________________.

Nom ______________________________

Classe ______________ Date ______________

6. Communication: Une page de journal *(A diary page)*

Write six sentences describing a recent trip . . . real or imaginary. You may want to answer the following questions—in French, of course!

- Where did you go?
- When did you arrive?
- How long did you stay?
- What/whom did you see?
- What did you visit?
- When did you come home?

Nom ____________________

Classe ____________________ Date ____________________

Discovering FRENCH Nouveau!

BLEU

UNITÉ 7 Reading and Culture Activities

A. En vacances

1. On peut pratiquer les sports décrits dans cette annonce . . .
   - ❑ à la mer
   - ❑ à la montagne
   - ❑ dans une piscine
   - ❑ dans un stade

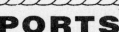

SPORTS
CERCLE NAUTIQUE MARTINIQUE
Ski nautique– Planche à voile– parachute ascentionnel– Voiliers– Locations Bateaux moteur avec ou sans permis
Tous les jours de 8h à 17h30 – Avant 8h sur R.V
Plage Hôtel Casino BATELIERE
Tél: 05 61 66 03 pour réservation

2. Les gens qui répondent à cette annonce vont . . .
   - ❑ faire une promenade à pied
   - ❑ aller à la campagne
   - ❑ rester dans un hôtel de luxe
   - ❑ faire une visite guidée en autocar

Visiter Montréal dans un autocar de luxe muni d'un toit vitré.
Découvrir Montréal, sa "Joie de vivre" et ses charmes par le service de tours guidés de Gray Line.
Tour de ville : 3 hres ; Adulte : 17$; Enfant : 8,50 $
INFORMATION • RÉSERVATION
(514) 934-1222

3. On peut pratiquer les activités décrites dans cette annonce . . .
   - ❑ à la mer
   - ❑ à la montagne
   - ❑ à la campagne
   - ❑ en ville

Sports
ALPINISME – ESCALADE
RANDONNEES
COMPAGNIE DES GUIDES DE ST GERVAIS – VAL MONTJOIE
Promenade du Mont Blanc **04 50 78 35 37**
Du 15/6 au 30/6 de 15h30 à 19h.
Du 1/07 au 31/08:
de 10h à 12h et de 15h30 à 19h30.
Du 1/09 au 30/09 de 15h30 à 19h30.
Dimanches jours fériés de 16h à 19h30.
Ecole d'escalade de glace – Sorties Collectives – Stages – Randonnées en moyenne montagne.

Nom ______________________________

Classe ______________________ Date ______________

4. Les touristes intéressés par cette annonce vont . . .
   - ❑ visiter Paris
   - ❑ visiter Rome
   - ❑ voyager en train
   - ❑ faire du camping

45 Rome par avion

Voyage Individuel d'avril à octobre
399 €
Hôtel standard

Départ de Paris le jour de votre choix. Retour à Paris le jour de votre choix (mais pas avant le dimanche suivant le départ).

Prix pour 2 jours à Rome (1 nuit): 399€. comprenant le voyage aérien en classe "vacances" (vols désignés), le logement en chambre double avec bains ou douche, le petit déjeuner.

Suppléments:
Chambre individuelle: 13€ par nuit.
Nuit supplémentaire: 39€ par nuit et par personne en chambre double avec petit déjeuner.
Vol "visite": 50€.

5. Pendant le voyage décrit dans cette annonce, qu'est-ce que les touristes *ne* vont *pas* faire?
   - ❑ Faire une promenade en bateau.
   - ❑ Voir des tulipes.
   - ❑ Visiter Rotterdam.
   - ❑ Voyager en avion.

28 Tulipe Express

Départ vendredi 2 mai
300 €
tout compris sauf boissons

Vendredi 2 mai: Départ de Paris gare du Nord vers 23 h en places assises de 2e classe.
Samedi 3 mai: Arrivée à Rotterdam tôt le matin. Visite du port en bateau. Petit déjeuner à bord. Visite de Rotterdam et promenade à pied dans le centre commerical. Visite de Delft (ville et faïencerie). Déjeuner à La Haye, découverte de la ville. Visite de Madurodam. Dîner à Amsterdam. Logement.
Dimanche 4 mai: Petit déjeuner. Visite d'Amsterdam et promenade en vedette sur les canaux. Déjeuner. Visite des champs de fleurs et de l'exposition florale du Keukenhof. Départ par train en places assises de 2e classe. Dîner libre. Arrivée à Paris-Nord vers 23 h.
Supplément chambre individuelle: 20€.
Supplément couchette à l'aller: se renseigner.

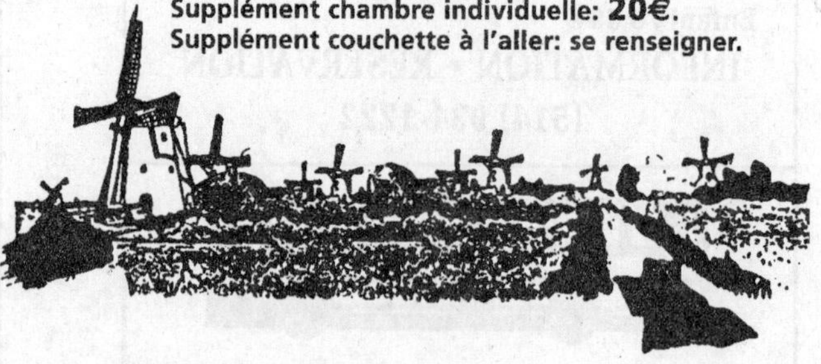

B. À la télé ce soir

1. En France

20.40

CINÉMA OU TÉLÉVISION : TOUS LES SOIRS, UN FILM

CONAN LE BARBARE ***

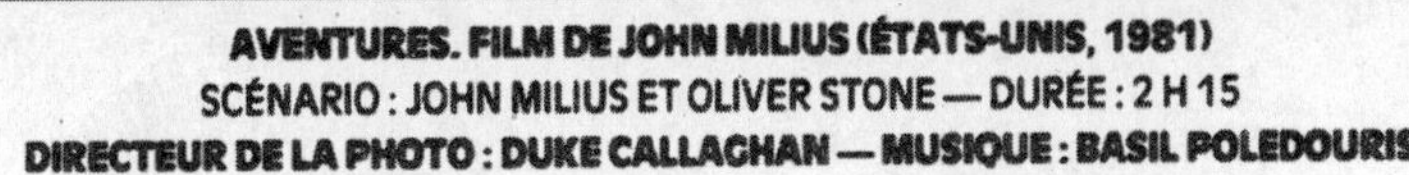

AVENTURES. FILM DE JOHN MILIUS (ÉTATS-UNIS, 1981)

SCÉNARIO : JOHN MILIUS ET OLIVER STONE — DURÉE : 2 H 15

DIRECTEUR DE LA PHOTO : DUKE CALLAGHAN — MUSIQUE : BASIL POLEDOURIS

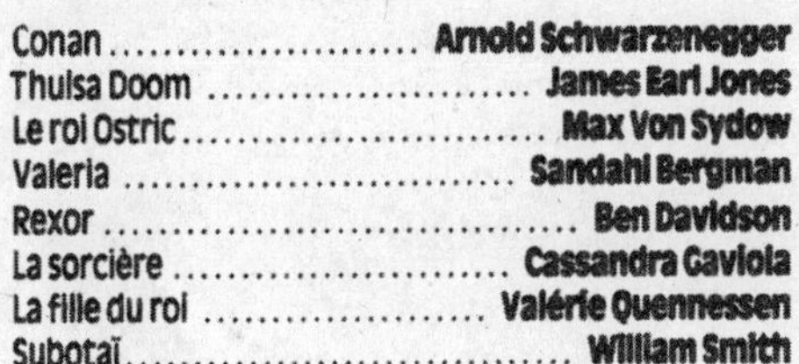

Conan .... Arnold Schwarzenegger
Thulsa Doom .... James Earl Jones
Le roi Ostric .... Max Von Sydow
Valeria .... Sandahl Bergman
Rexor .... Ben Davidson
La sorcière .... Cassandra Gaviola
La fille du roi .... Valérie Quennessen
Subotaï .... William Smith

Pour adultes et adolescents.

- Qu'est-ce qu'on peut voir à la télé ce soir? ______________________
- Comment s'appelle le film? ______________________
- Qui est l'acteur principal? ______________________
- Est-ce que c'est un film américain ou français?
  ____
- À quelle heure est le film? ______________________

Nom ____

Classe ____________________________ Date __________________

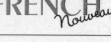

2. Au Canada

Centre Bell, Montréal
PRÉSENTE
Michael
Bublé
Le chanteur Michael Bublé, une montagne de passion et de rage, a été blessé par un amour fou. Venez écouter les chansons de son nouveau répertoire, comme "Crazy Love" et "Cry me a river." L'interprétation de Bublé nous révèle un homme dont on a arraché le cœur mais pas, heureuse-ment, l'âme.
Vendredi
Centre Bell, Montréal
Portes 18h30 - Spectacle 19h30
Billets en vente maintenant
78,50$ / 63,50$
Admission pour tous

- Comment s'appelle le chanteur du spectacle? ____________________
- Quel est le titre d'une des chansons de Michael Bublé? ____________________
- Comment dit-on en français "Crazy Love"? ____________________
- À quelle heure est-ce qu'on peut entrer? ____________________
- Est-ce que on peut entrer avec un fauteuil roulant? (*wheelchair*)

  ____
- Regardez le petit texte.

  Le mot "blessé" veut dire *hurt*. Peux-tu deviner (*guess*) l'equivalent anglais des mots suivants?

  montagne = ____________________

  rage = ____________________

  révèle = ____________________

  arraché (le cœur) = ____________________

  en vente = ____________________

Unité 8. Les repas

LEÇON 25 Le français pratique: Les repas et la nourriture

LISTENING ACTIVITIES

Section 1. La nourriture

A. Compréhension orale

	A	B
1.	les frites	les spaghetti
2.	le jus d'orange	le jus de pomme
3.	le fromage	le yaourt
4.	le gâteau	la glace

B. Compréhension orale

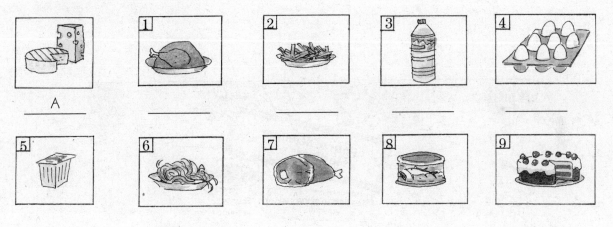

A

1 ______

2 ______

3 ______

4 ______

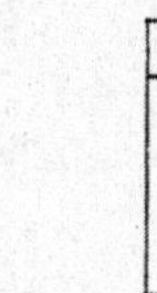

5 ______

6 ______

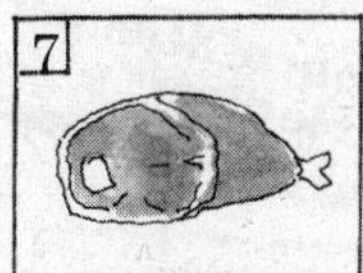

7 ______

8 ______

9 ______

Nom ______________________________

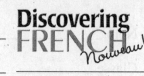

Classe ______________________ Date ______________________

C. Compréhension orale

	Modèle	1	2	3	4	5	6	7	8
A: viande	✓								
B: lait									

D. Questions et réponses

Modèle: —Qu'est-ce que vous préférez? la soupe ou la salade?
—Je préfère la soupe.
(Je préfère la salade.)

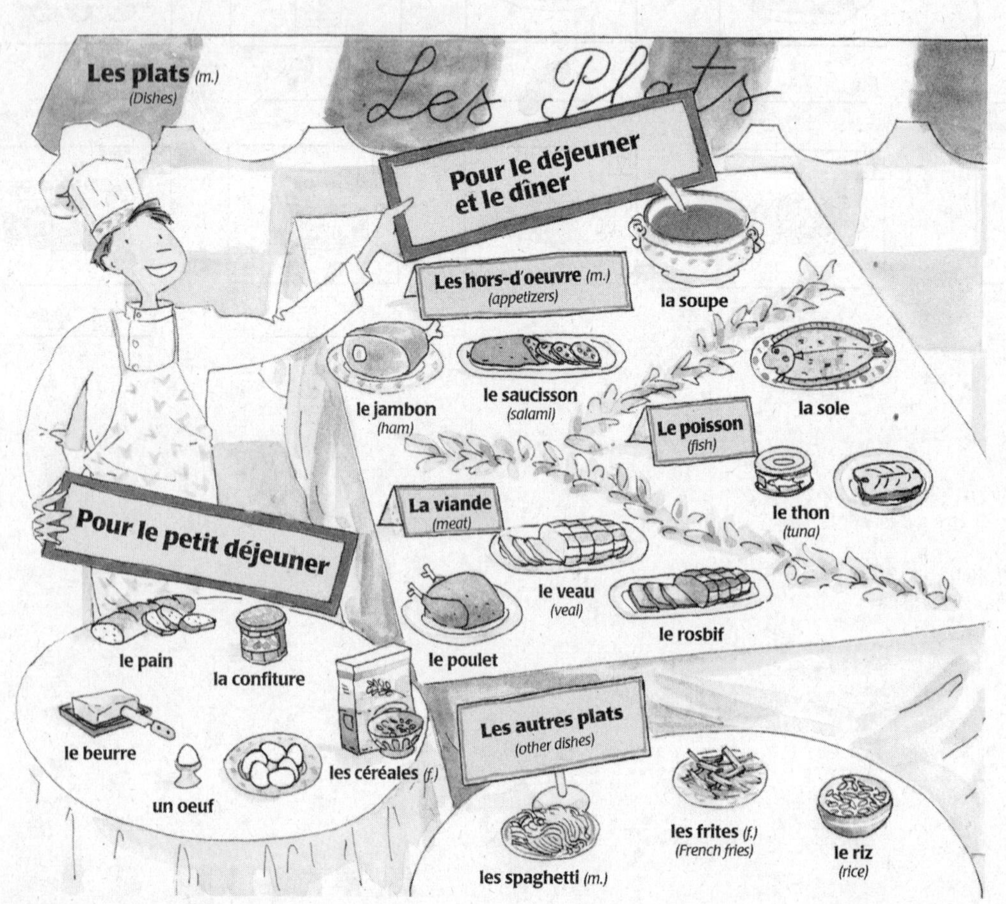

Nom ____________________

Classe ____________________ Date ____________________

Discovering FRENCH Nouveau!

BLEU

Section 2. Les fruits et les légumes

E. Compréhension orale

	Modèle	1	2	3	4	5	6	7	8
A: fruits	✓								
B: légumes									

Section 3. Conversations

F. La réponse logique

1. a. À midi.
   b. À quatre heures.
   c. À sept heures et demie.

2. a. Pour la salade.
   b. Pour le jus d'orange.
   c. Pour le sucre.

3. a. Pour la viande.
   b. Pour le yaourt.
   c. Pour l'eau minérale.

4. a. Oui, j'aime le thon.
   b. Non, je n'aime pas les légumes.
   c. Non, je suis végétarien.

5. a. Non, je préfère la glace.
   b. Oui, j'aime le dessert.
   c. Non, je n'aime pas la glace.

6. a. Oui, donnez-moi des cerises.
   b. Oui, je voudrais des pommes de terre.
   c. Non, je n'aime pas les pommes.

Nom ______________________________

Classe ______________________ Date ______________

Secion 4. Dictée

G. Écoutez et écrivez.

—Tu as fait __________ ce matin?

—Oui, je suis allée au __________.

—Qu'est-ce que tu as acheté?

—Des __________ et un __________.

—Est-ce que tu as acheté des fruits?

—Oui, des __________ et des __________.

Nom ______________________________

Classe ______________________ Date ______________________

Discovering FRENCH Nouveau!

BLEU

WRITING ACTIVITIES

A/B/C 1. L'intrus *(The intruder)*

For each of the boxes, the item that does not fit the category is the intruder. Find it and cross it out.

FRUITS
poire
fromage
cerise
pamplemousse

LÉGUMES
fraises
carottes
haricots verts
pommes de terre

VIANDE
veau
rosbif
poulet
frites

DESSERTS
glace
gâteau
jambon
tarte

BOISSONS
lait
confiture
eau minérale
thé glacé

PRODUITS LAITIERS *(dairy products)*
yaourt
fromage
lait
poire

PETIT DÉJEUNER
pain
thon
beurre
confiture

UN REPAS VÉGÉTARIEN
riz
légumes
salade
saucisson

DANS LE RÉFRIGÉRATEUR
serviette
oeufs
thé glacé
beurre

REPAS
dîner
nourriture
petit déjeuner
déjeuner

Nom ______________________________

Classe ______________________ Date ______________________

Discovering FRENCH Nouveau!

BLEU

2. Tes préférences

List the foods you like for each of the following courses.

1. Comme hors-d'oeuvre, j'aime ______________________.
2. Comme viande, j'aime ______________________.
3. Comme légumes, j'aime ______________________.
4. Comme fruits, j'aime ______________________.
5. Comme dessert, j'aime ______________________.

3. Au menu

Imagine you are working for a French restaurant. Prepare a different menu for each of the following meals.

4. Le pique-nique

You have decided to organize a picnic for your French friends. Prepare a shopping list.

liste

Nom ____

Classe ______________________ Date ______________

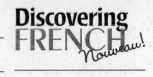

Discovering FRENCH Nouveau!

BLEU

5. Le mot juste

Complete each of the following sentences with a word from the box. Be logical!

légumes	livre	verre	couteau
courses	viande	cuisine	petit déjeuner

1. Demain, je vais prendre le ____________________ à huit heures et quart.
2. J'ai besoin d'un ____________ pour couper *(to cut)* mon steak.
3. Ma soeur a passé l'été au Mexique. Maintenant elle adore la ____________ mexicaine.
4. Alice est végétarienne. Elle ne mange jamais de ____________.
5. Voici un ____________ d'eau minérale.
6. Au supermarché j'ai acheté des fruits et des ____________.
7. Nous avons besoin de nourriture. Je vais faire les ____________.
8. S'il vous plaît, donnez-moi une ____________ de cerises.

LEÇON 26 À la cantine

LISTENING ACTIVITIES

Section 1. Vouloir et prendre

A. Écoutez et répétez.

VOULOIR	PRENDRE
Je **veux** un sandwich.	Je **prends** mon livre.
Tu **veux** une pizza.	Tu **prends** ton portable.
Il **veut** une glace.	Il **prend** son lecteur MP3.
Nous **voulons** dîner.	Nous **prenons** le gâteau.
Vous **voulez** déjeuner.	Vous **prenez** vos CD.
Ils **veulent** aller au café.	Ils **prennent** des photos.

Section 2. L'article partitif

B. Écoutez et répétez.

du pain
de la salade
de l'eau

du beurre
de la moutarde
de l'eau minérale

du rosbif
de la glace

C. Parlez.

Modèle: [le pain] **Je voudrais du pain.**

Nom ______________________________

Classe ____________________ Date ____________________

Discovering FRENCH Nouveau!

BLEU

D. Compréhension orale

	Modèle	1	2	3	4	5	6	7	8
A:									
B:	✓								

E. Compréhension orale

1. Monsieur Martin et son fils achètent du pain. vrai faux
2. Ils achètent du beurre. vrai faux
3. Ils achètent du yaourt. vrai faux
4. Ils achètent du jambon et du saucisson. vrai faux
5. Ils achètent du poulet. vrai faux
6. Ils prennent du ketchup. vrai faux
7. Ils prennent de l'eau minérale. vrai faux
8. Ils prennent du jus de pomme. vrai faux

F. Compréhension orale

	A	B	C	D
	Mme Aubin	**M. Aubin**	**Nathalie**	**Caroline**
1. du café				
2. du café au lait				
3. du chocolate				
4. du thé nature				
5. du pain				
6. du beurre				
7. de la confiture				
8. du yaourt				
9. des céréales avec du lait				

G. Questions et réponses

Modèle: —Qu'est-ce que tu veux?
—Je voudrais du pain.

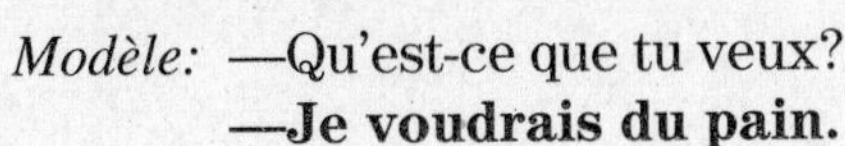

Section 3. L'article partitif au négatif

H. Écoutez et répétez.

Je mange du pain. #
Je veux de la glace. #
Il y a du poulet. #

Tu ne manges pas de pain. #
Tu ne veux pas de glace. #
Il n'y a pas de poulet. #

Nom ___________________________________

Classe ____________________ Date ____________________

I. Questions et réponses

Modèle: —Est-ce qu'il y a du pain?
—Non, il n'y a pas de pain.

Section 4. Dictée

J. Écoutez et écrivez.

—Qu'est-ce que vous __________ manger?

—Moi, je vais __________ __________ rosbif et __________ salade. Et toi?

—Moi, je __________ un hamburger avec __________ moutarde et __________ ketchup.

WRITING ACTIVITIES

A 1. Quand on veut . . .

Read about the following people. Then decide whether or not they want to do certain things. Complete the sentences with the appropriate affirmative or negative forms of **vouloir.**

▶ Nous sommes en vacances. Nous ne voulons pas étudier.

1. J'ai envie de voir un film. Je ____________ aller au cinéma.
2. Tu es timide. Tu ____________ parler en public.
3. Mes cousines ont envie de voyager cet été. Elles ____________ aller au Pérou.
4. Olivier est fatigué. Il ____________ aller au concert avec nous.
5. Nous avons faim. Nous ____________ déjeuner.
6. Stéphanie a besoin d'argent. Elle ____________ vendre son vélo.
7. Vous êtes très impatients. Vous ____________ attendre vos copains.
8. Mes petits cousins regardent un film. Ils ____________ aller au lit.

B 2. Quel objet?

In order to do certain activities, people must take along certain things. Write complete sentences to say what people are taking, using the appropriate form of **prendre** and one of the objects in the box. Be logical.

argent **appareil-photo** **livres** **raquette**
maillot de bain **vélo** **calculatrices**

▶ Paul va jouer au tennis. Il prend sa raquette.

1. Caroline va nager. ____________
2. Les élèves vont en classe. ____________
3. Je vais faire des achats. ____________
4. Tu veux prendre des photos. ____________
5. Vous faites une promenade à la campagne. ____________
6. Nous faisons des devoirs de maths. ____________

Nom ____

Classe ______________________ Date ______________

C 3. «À la bonne auberge»

You are working as a waiter/waitress in a French restaurant named "À la bonne auberge." Explain the menu to your customers. Fill in the blanks with the appropriate partitive articles.

1. Comme hors-d'oeuvre, il y a ______ jambon et ______ soupe.
2. Comme viande, il y a ______ poulet et ______ rosbif.
3. Comme poisson, il y a ______ sole et ______ thon.
4. Après, il y a ______ salade et ______ fromage.
5. Comme dessert, il y a ______ glace et ______ tarte aux fraises.

4. À votre tour

Now it is your turn to be the client. The waiter is offering you the following choices. Tell him what you would like.

▶ soupe ou saucisson? *Je voudrais du saucisson (de la soupe).*

1. poisson ou viande? ______
2. veau ou poulet? ______
3. ketchup ou mayonnaise? ______
4. yaourt ou fromage? ______
5. gâteau ou tarte? ______
6. thé ou café? ______
7. eau minérale ou jus d'orange? ______

5. Les courses

Your brother is going shopping and is making a list. Tell him what to buy.

▶ 1. 2. 3. 4. 5. 6. 7. 8.

▶ *Achète du pain.*

1. ______ 5. ______
2. ______ 6. ______
3. ______ 7. ______
4. ______ 8. ______

D 6. Un végétarien

You are under doctor's orders not to eat meat. Imagine you are having lunch at a French restaurant. What will you answer when the waiter offers you the following foods?

▶ (la salade) Oui, je veux bien de la salade.

▶ (le rosbif) Non, merci. Je ne veux pas de rosbif.

1. (la soupe) ______________________
2. (le melon) ______________________
3. (le poulet) ______________________
4. (le jambon) ______________________
5. (le veau) ______________________
6. (la glace) ______________________

7. À la cantine

Look at the various items on Michel's cafeteria tray and answer the questions accordingly.

▶ Est-ce que Michel a pris de la soupe? Non, il n'a pas pris de soupe.

1. Est-ce que Michel a mangé du fromage? ______________________
2. Est-ce qu'il a mangé de la salade? ______________________
3. Est-ce qu'il a mangé de la viande? ______________________
4. Est-ce qu'il a pris de l'eau minérale? ______________________
5. Est-ce qu'il a pris du jambon? ______________________
6. Est-ce qu'il a mangé du pain? ______________________

Nom ______________________________

Classe ____________________ Date ____________

E 8. À la boum

Say what the guests are drinking at the party. Complete the sentences with the appropriate forms of **boire.**

1. Alain ____________ du thé glacé.
2. Bruno et Guillaume ____________ du soda.
3. Je ____________ du soda, aussi.
4. Tu ____________ de l'eau minérale.
5. Nous ____________ de la limonade.
6. Vous ____________du jus de fruit.

9. Communication

A. Un repas

In a short paragraph, write about a recent meal (real or imaginary). Use words you know to describe . . .

- where you ate
- what you had for each course
- what you drank

B. Le réfrigérateur

Check the contents of your refrigerator. List the names of the items that you know in French. Also list some of the things that are not in your refrigerator.

Dans mon réfrigérateur, il y a ...	Il n'y a pas . . .
• du lait	• du jus de raisin
•	•
•	•
•	•
•	
•	

LEÇON 27 Un client difficile

LISTENING ACTIVITIES

Section 1. Les services

A. Compréhension orale

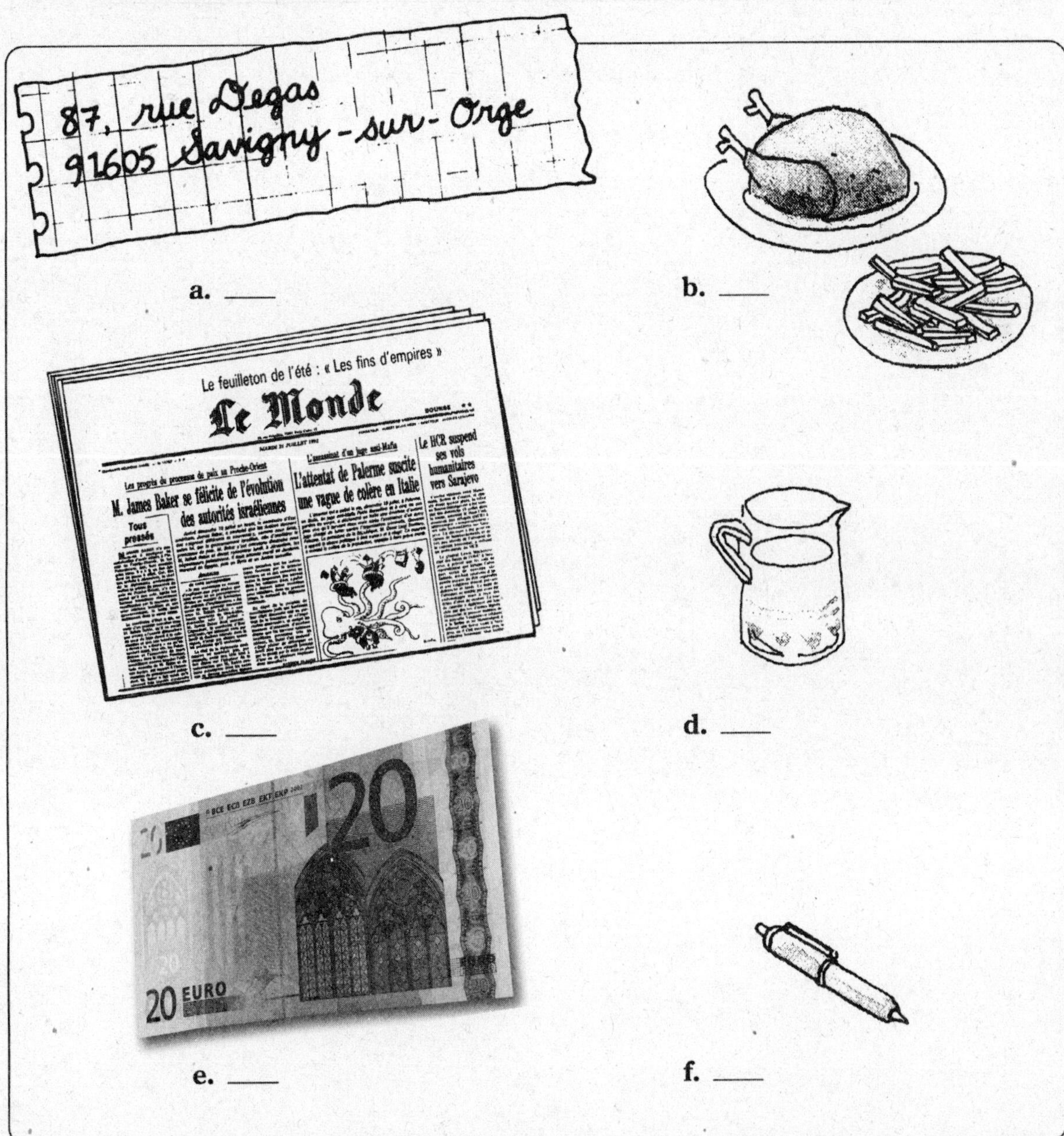

a. ___

b. ___

c. ___

d. ___

e. ___

f. ___

Nom ______________________________

Classe ____________________ Date ______________

B. Écoutez et parlez.

Modèle: —Tu veux jouer au tennis?
—Oui, prête-moi ta raquette, s'il te plaît.

ton vélo	**ta raquette**	**ton portable**	**ton appareil-photo**
ton lecteur MP3	**cinq euros**	**dix euros**	

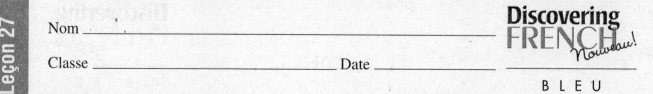

Section 2. Pouvoir et devoir

C. Écoutez et répétez.

POUVOIR

Je **peux** venir avec toi.
Tu **peux** travailler.
On **peut** voyager cet été.
Nous **pouvons** dîner ici.
Vous **pouvez** rester à la maison.
Les enfants **peuvent** aider.
Mon père **a pu** maigrir.

DEVOIR

Je **dois** rentrer avant midi.
Tu **dois** gagner de l'argent.
On **doit** visiter Genève.
Nous **devons** regarder le menu.
Vous **devez** finir vos devoirs.
Ils **doivent** mettre la table.
Il **a dû** manger moins.

Nom ____

Classe ___________________________ Date _______________

Section 3. Dictée

D. Écoutez et écrivez.

—Dis, Stéphanie, j'ai ____________ d'un petit service.

—Qu'est-ce que je ____________ faire pour toi?

—____________ ton scooter, s'il te plaît.

—Je regrette, mais ____________.

Je ____________ aller en ville avec ma copine.

Nous ____________ aller à la bibliothèque.

WRITING ACTIVITIES

A 1. D'accord ou pas d'accord?

Complete the mini-dialogues by answering the questions, using appropriate pronouns. Answer questions 1–3 affirmatively; answer questions 4 and 5 negatively.

1. —Tu m'invites chez toi?

   —D'accord, ________________________________.

2. —Tu nous attends après la classe?

   —D'accord, ________________________________.

3. —Tu me téléphones ce soir?

   —D'accord, ________________________________ après le dîner.

4. —Tu m'attends?

   —Non, ________________________________. Je n'ai pas le temps.

5. —Tu nous invites au cinéma?

   —Non, ________________________________. Je n'ai pas d'argent.

Nom ______________________________

Classe ______________ Date ______________

Discovering FRENCH Nouveau!

BLEU

B 2. S'il te plaît!

Ask your friends to do certain things for you, using the verbs in parentheses.

▶ J'ai besoin d'argent. (prêter)
S'il te plaît, prête-moi dix euros.

1. Je voudrais réparer mon vélo. (aider)
S'il te plaît, ______________.

2. J'ai faim. (donner)
S'il te plaît, ______________ un sandwich.

3. Oh là là, j'ai très soif. (apporter)
S'il te plaît, ______________ un verre d'eau.

4. Je voudrais prendre des photos. (prêter)
S'il te plaît, ______________ t on appareil-photo.

5. Je voudrais téléphoner à ton copain. (donner)
S'il te plaît, ______________ son numéro de téléphone.

3. Petits services

Ask your French friend Vincent to . . .

- loan you his cell phone ______________
- give you his cousin's address *(l'adresse)* ______________
- invite you to his party ______________
- show you his photos ______________
- wait for you after the class ______________
- bring you a sandwich ______________

C 4. C'est impossible!

The following people cannot do certain things because they have to do other things. Express this by using the appropriate forms of **pouvoir** and **devoir**, as well as your imagination.

▶ Olivier ne peut pas aller au cinéma.
Il doit étudier (aider sa mère, . . .)

1. Nous ne pouvons pas jouer au basket avec vous.
   Nous ______________________.
2. Je ______________ dîner chez toi.
   Je ______________________.
3. Véronique et Françoise ______________ venir à la boum.
   Elles ______________________.
4. Vous ______________ aller au concert.
   Vous ______________________.
5. Jean-Marc ______________ rester avec nous.
   Il ______________________.
6. Tu ______________ rencontrer tes copains.
   Tu ______________________.

Nom ______________________________

Classe ______________________ Date ______________

5. Communication: Un bon conseiller *(A good adviser)*

Imagine that you are a newspaper columnist and your readers write you for advice. Here are some of their problems. Write out your advice for each one, using the appropriate present-tense forms of **devoir** or **pouvoir**—and your imagination!

▶ «Je veux voyager cet été, mais je n'ai pas beaucoup d'argent. Qu'est-ce que je peux faire?»
Vous pouvez aller chez des amis à la mer.
Vous pouvez travailler pour gagner de l'argent et pour payer le voyage.

1. «Je n'ai pas de bonnes notes en français. Qu'est-ce que je dois faire?»
____
____

2. «Mon ami et moi, nous voulons faire une surprise à un copain pour son anniversaire. Qu'est-ce que nous pouvons faire?»
____
____

3. «Mes cousins vont en France pendant les vacances. Qu'est-ce qu'ils peuvent faire pendant leur voyage?»
____
____

4. «Avec une copine, nous voulons organiser une boum pour nos amis français. Qu'est-ce que nous devons faire?»
____
____

5. «En ce moment, j'ai des problèmes avec mon copain (ma copine). Qu'est-ce que je dois faire?»
____
____

Nom ______________________________

Classe ______________________ Date ______________

Discovering FRENCH Nouveau!

BLEU

LEÇON 28 Pique-nique

LISTENING ACTIVITIES

Section 1. Les pronoms le, la, les

A. Compréhension orale

	Modèle	1	2	3	4	5	6	7	8
A. **le**									
B. **la**	✓								
C. **les**									

B. Questions et réponses

Now you will hear a series of questions. Answer each one affirmatively, using the pronouns **le**, **la**, or **les**, as appropriate.

Modèles: —Tu connais Mélanie?
—Oui, je la connais.
—Tu regardes cette photo?
—Oui, je la regarde.

Section 2. Les pronoms lui et leur

C. Compréhension orale

	Modèle	1	2	3	4	5	6
A. **lui**							
B. **leur**	✓						

Nom ____

Classe ______________________ Date ______________

D. Compréhension orale

1. Jean-Paul et Philippe sont à Deauville.	vrai	faux
2. À la plage, ils voient une fille.	vrai	faux
3. Jean-Paul ne la connaît pas.	vrai	faux
4. Jean-Paul va lui demander quelle heure il est.	vrai	faux
5. Jean-Paul va lui demander si elle est en vacances.	vrai	faux
6. Jean-Paul va l'inviter à aller au cinéma.	vrai	faux
7. Jean-Paul ne lui parle pas.	vrai	faux
8. C'est un nouveau garçon qui parle à la fille.	vrai	faux

E. Questions et réponses

Modèles: —Tu connais tes voisins?
—Oui, je les connais.
—(Non, je ne les connais pas.)
—Tu téléphones à ta cousine?
—Oui, je lui téléphone.
(Non, je ne lui téléphone pas.)

Section 3. Dictée

F. Écoutez et écrivez.

—Qu'est-ce que tu fais?

—J' ____________ à ma cousine.

—Qu'est-ce que tu ____________?

—Je ____________ à la boum samedi prochain.

—Et les voisins, tu ____________ invites aussi?

—Oui, je vais ____________ téléphoner.

Nom ______________________________

Classe ______________________ Date ______________ ______________

WRITING ACTIVITIES

A 1. Connaissances

Complete the sentences below with the appropriate forms of **connaître.** Your answers could be affirmative or negative.

1. Je ________________ San Francisco.
2. Mes copains ________________ ma famille.
3. Ma copine ________________ mes cousins.
4. Ma famille et moi, nous ________________ bien nos voisins.

B 2. Les photos d'Isabelle

While showing pictures of her friends, Isabelle makes comments about them. Complete her sentences with the appropriate direct object pronouns.

1. Voici Julien.
   Je ____________ connais très bien. Je ____________ rencontre souvent au café. Je ____________ aide avec ses devoirs.

2. Voici Pauline.
   Je ____________ trouve très intelligente. Je ____________ aime beaucoup. Je ____________ vois souvent le week-end.

3. Voici mes cousins.
   Je ____________ vois pendant les vacances. Je ____________ trouve un peu snobs.

4. Voici mes copines.
   Je ____________ trouve très sympathiques. Je ____________ invite souvent chez moi.

Nom ______________________

Classe ______________ Date ______________

3. Correspondance

Jean-François, your French pen pal, has written you a letter asking about your activities. Answer his questions affirmatively or negatively, using direct object pronouns.

▶ Tu regardes la télé? *Oui, je la regarde. (Non, je ne la regarde pas.)*

1. Tu regardes les matchs de foot? ______
2. Tu écoutes la radio? ______
3. Tu écoutes souvent tes CD? ______
4. Tu prêtes ton portable? ______
5. Tu prends le bus pour aller à l école? ______
6. Tu invites souvent tes amis à la maison? ______
7. Tu aides ta mère? ______
8. Tu fais les courses? ______
9. Tu vois tes cousins? ______
10. Tu connais bien ton professeur de français? ______

C 4. En colonie de vacances *(At camp)*

You are at a French summer camp. Your roommate is asking whether he/she can do the following things. Answer affirmatively or negatively, according to the way you feel.

▶ Je prends ta raquette? *Oui, prends-la.*
(Non, ne la prends pas.)

1. Je prends ton appareil-photo? ______
2. Je mets la radio? ______
3. Je mets le CD de rap? ______
4. Je nettoie la chambre? ______
5. Je fais le lit? ______
6. Je regarde les photos? ______

Nom ______________________________ **Discovering FRENCH** *Nouveau!*

Classe ______________ Date ______________

BLEU

D 5. Les cadeaux *(Presents)*

Imagine that you have bought the following presents. Decide which one you are giving to each of the following people and then write out your choices. If you wish, you may decide on other presents that are not illustrated.

▶ (à mon père) *Je lui donne une cravate (un livre, etc.).*

1. (à ma mère) ______________
2. (à mes grands-parents) ______________
3. (à mes cousins) ______________
4. (au professeur de français) ______________
5. (à mon meilleur ami) ______________
6. (à ma meilleure amie) ______________

6. Les copains d'Hélène

Raphaël wants to know more about Hélène's friends. Complete Hélène's answers with the appropriate pronouns, direct **(le, la, l', les)** or indirect **(lui, leur)**.

Raphaël	Hélène
▶ Tu téléphones souvent à Éric?	Oui, je *lui* téléphone assez souvent.
1. Tu connais bien Marthe?	Oui, je ________ connais assez bien.
2. Tu vois Éric et Olivier ce week-end?	Oui, je ________ vois samedi matin.
3. Tu téléphones à Catherine ce soir?	Oui, je ________ téléphone après le dîner.
4. Tu invites Cédric à ta boum?	Bien sûr, je ________ invite. C'est un très bon copain.
5. Tu rends souvent visite à tes copains canadiens?	Oui, je ________ rends visite assez souvent.
6. Tu parles souvent à tes cousins?	Bien sûr, je ________ parle tous les jours *(every day)*.
7. Tu aides ton frère?	Bien sûr. Je ________ aide quand il a un problème.
8. Tu prêtes tes CD à Robert?	En général, oui, je ________ prête mes CD.

Nom ______________________________

Classe ______________ Date ______________

Discovering FRENCH Nouveau!

BLEU

E 7. Lettres de vacances

In the summer we like to write to people we know and let them know what we are doing. Complete the following sentences with the appropriate forms of **écrire** and **dire.**

▶ Francis écrit à sa copine.
Il lui dit qu'il veut lui rendre visite.

1. Nous ______________ à nos copains.
   Nous leur ______________ que nous passons des vacances géniales.
2. Caroline ______________ à sa cousine.
   Elle lui ______________ qu'elle a rencontré un garçon très sympathique.
3. Tu ______________ à tes grands-parents.
   Tu leur ______________ qu'il fait beau et que tu apprends à faire de la voile.
4. Vous ______________ au professeur.
   Vous lui ______________ que vous êtes en France.
5. J' ______________ à ma mère.
   Je lui ______________ que j'ai besoin d'argent.
6. Cécile et Mélanie ______________ à leurs parents.
   Elles leur ______________ qu'elles sont très contentes de leurs vacances.

8. Communication: Êtes-vous serviable? *(Are you helpful?)*

Are you helpful? Of course you are! Write two things you would do for the following people in the circumstances mentioned below. Be sure to use the appropriate *direct* or *indirect* object pronouns. You may want to select some of the verbs in the box.

acheter	aider	*donner*	écrire	inviter
parler	prêter	*rendre visite*	téléphoner	

▶ Ma meilleure amie a un problème avec sa famille.
Je lui téléphone. Je l'aide. (Je lui parle. Je l'invite chez moi.)

1. Mes grands-parents sont malades.
____
2. Ma cousine est à l'hôpital.
____
3. Mes amis ont des problèmes avec la classe de français.
____
4. Mon meilleur copain a besoin d'argent.
____
5. Le professeur est malade.
____
6. Une amie organise une boum et a besoin d'aide.
____

UNITÉ 8 Reading and Culture Activities

A. Dîner en ville

1. Quel plat est-ce qu'on *ne* peut *pas* trouver dans ce restaurant?
   - ❑ Salade de tomates.
   - ❑ Omelette au jambon.
   - ❑ Glace à la vanille.
   - ❑ Yaourt.

LA CUISINE
BANGALOR
Repas végétariens économiques
1440, rue de Bleury
Station Place-des-Arts
514-723-9806
ouvert 7 jours
11h à 23h

2. Qu'est-ce qu'on peut faire dans ce restaurant?
   - ❑ Manger des spaghetti.
   - ❑ Manger de la nourriture chinoise.
   - ❑ Parler japonais.
   - ❑ Écouter de la musique.

EL SOMBRERO
JARANO
RESTAURANT MEXICAIN
Dîners ou consommations
78, Avenue des Nuages
01.45.89.01.86
Salle climatisée.
Fermé le dimanche.
2
ORCHESTRES

3. Quelles sont les spécialités de ce restaurant?
   - ❑ La viande.
   - ❑ Le poisson.
   - ❑ Les fromages.
   - ❑ Les desserts.

L'ESPADON
RESTAURANT DE MER
Déjeuners,
Dîners,
Soupers
Banc d'huitres
Commandes prises jusqu'à 2h du matin
25, rue Saint-Martin
75008 PARIS — 01.44.56.50.04

4. Qu'est-ce qu'on peut manger dans ce restaurant?
   - ❑ De la cuisine mexicaine.
   - ❑ Des spécialités de la Louisiane.
   - ❑ Un bon steak.
   - ❑ Des pizzas.

LE ZYDECO
le célèbre et renommé restaurant cajun
avec musique zydeco tous les soirs
678 Gravier Street — Rés. 504-345-2107

Nom ______________________________

Classe ______________________ Date ______________________

B. Vinaigrette

Vinaigrette

Mettez dans un petit bol:

- 1 cuillère à soupe de vinaigre,
- ½ cuillère à café de moutarde,
- 4 pincées de sel.

Ajoutez:

- 3 cuillères à soupe d'huile d'olive.

Mélangez bien avec une fourchette.

Versez la vinaigrette sur la salade.

1. Ce texte est . . .
   - ❑ une recette *(recipe)*
   - ❑ un menu
   - ❑ une liste de courses
   - ❑ la description d'un repas
2. Qu'est-ce que c'est «vinaigrette»?
   - ❑ Un hors-d'oeuvre.
   - ❑ Le nom d'un restaurant.
   - ❑ Une sauce pour la salade.
   - ❑ Le nom d'un magasin.

C. Petit déjeuner dans l'avion

Imaginez que vous allez passer une semaine de vacances en France avec votre famille. Maintenant vous êtes dans l'avion et c'est le moment du petit déjeuner.

Le Petit Déjeuner
sera servi avant l'atterrissage

Choix de Jus de Fruits Frais

Assiette de Fruits Frais de Saison

Choix de Yaourts
Sélection de Céréales

Assortiment de Pains
Danoise aux Graines de Pavot   Gâteau aux Pommes
Croissants

Qu'est-ce que vous allez choisir?

- Est-ce que vous prenez un jus de fruits? ______________
  Si oui, quel jus de fruits préférez-vous? ______________
  ____
  Qu'est-ce que vous dites à l'hôtesse?
  ____
- Est-ce que vous voudriez *(would like)* des fruits? ______________
  Si oui, quels fruits aimez-vous? ______________
  Qu'est-ce que vous dites à l'hôtesse?
  ____
- Est-ce que vous allez prendre un yaourt? ______________
  Si oui, quel parfum *(flavor)*? ______________
  Qu'est-ce que vous dites à l'hôtesse?
  ____
- Est-ce que vous allez manger des céréales? ______________
  Qu'est-ce que vous dites à l'hôtesse?
  ____
- Est-ce que vous allez choisir un pain? ______________
  Si oui, quel pain? (Notez: « graines de pavot » = *poppy seeds*)
  ____
  Qu'est-ce que vous dites à l'hôtesse?
  ____

Nom ______________________________

Classe ____________________ Date ____________________

Discovering FRENCH Nouveau!

BLEU

D. Les courses

Imaginez que vous êtes en France avec vos parents. Vous venez de faire les courses à La Grande Épicerie de Paris.

Maintenant votre mère, qui ne comprend pas le français, a des questions.

- How much did you spend for the following things?

meat? ______

bread? ______

butter? ______

cheese? ______

fruits and vegetables? ______ + ______ + ______ + ______ = ______

Total = ______

- Is the store open . . .

Monday at 9 A.M.?	yes	no
Tuesday at 9:30 P.M.?	yes	no
Wednesday noon?	yes	no
Thursday at 8 A.M.?	yes	no
Friday at 9:45 P.M.?	yes	no
Saturday morning?	yes	no
Sunday afternoon?	yes	no

* LA GRANDE EPICERIE DE PARIS *
OUVERT DU LUNDI AU SAMEDI

POULET	4,25
PAINS POILANE	2,25
FROMAGE COUPE	3,70
FRUITS ET LEGUMES	1,75
BEURRE CHARENTE/P.	2,50
FRAISE 1L	4,25
FRUITS ET LEGUMES	3,00
CONCOMBRE	50

****

TOT 22,20€
ESPECES 22,20€

26/06/04 11:03 4680 07 0124 138
DE 8H30 A 21H-LUNDI ET VENDREDI 22H
MERCI DE VOTRE VISITE A BIENTOT

E. Au restaurant

Cet été vous avez visité le musée d'Orsay le matin. À midi et demi vous avez déjeuné au restaurant. Regardez bien le menu.

- Regardez le choix de jus de fruits.

  Quel jus de fruit est-ce que vous avez choisi? ______________________

  Combien coûte-t-il? ______________________

- Regardez le choix de sandwichs.

  Quel sandwich avez-vous choisi? ______________________

  Combien est-ce qu'il coûte? ______________________

- Choisissez un dessert: une glace ou un sorbet ou une pâtisserie.

  Qu'est-ce que vous avez choisi? ______________________

  Combien coûte ce dessert? ______________________

- Maintenant faites le total.

  Quel est le prix de votre déjeuner en euros? ______________________

  Combien coûte-t-il en dollars? (Notez: 1 euro = approximativement $.90.) ______________

BOISSONS

Limonade	3,50
Jus de fruit : Ananas, Abricot, Pamplemousse, Orange, Raisin et Jus de tomate	3,50
Eaux minérales (le 1/4) : Evian, Perrier, Vichy, Vittel, Badoit	3,50
Oranges ou citrons pressés	4,25
Lait aromatisé	3,25

LES SANDWICHS

Jambon de Paris	4,00
Jambon de Bayonne	5,00
Saucisson beurre	4,00
Mixte : jambon, Comté	5,00
Fromage Comté ou camembert normand	4,00
Le Croque Monsieur	5,00
La quiche Lorraine	4,75
La salade du jour (salade verte, jambon, poulet, gruyère, tomate, oeuf dur)	7,25
Salade verte	4,25

LES PATISSERIES

Gâteau au chocolat	5,00
Tarte Tatin chaude	5,50
Avec crème fraîche supplément	1,00
Pâtisserie au choix	4,25
Cake	1,50

GLACES ET SORBETS

deux parfums au choix

Café, Vanille, Noisette, Pistache, Rhum raisin, Chocolat	5,00
Cassis, Citron, Fraise, Framboise, Fruits de la passion, Spécial tropic	5,50
Coupe spéciale (glace Vanille, Sorbet et Sirop cassis)	6,00